企业培训师授课技能

标准化训战培训教材

技能类授课

广东电网有限责任公司培训与评价中心◎组编

程绍兵◎主编

中国电力出版社

CHINA ELECTRIC POWER PRESS

内 容 提 要

本书在《电网企业培训师通用培训教材》（中国南方电网有限责任公司组编）的基础上，以企业现代培训理念为引领，系统介绍了培训师技能类授课必备技能和必要知识。全书共分为企业现代培训理念、技能课程目标确定、技能授课内容确定、技能培训教学设计、技能培训教学准备、技能培训教学实施、技能培训教学管控、技能教学调整改进共八章，总结提炼了技能类授课 20 个关键技能和标准化训战流程及表单，每个关键授课技能配上企业培训实践案例，凸显技能实战能力。

本书可作为企业（尤其是电力企业）培训师技能类授课技能标准化训战或授课技能提升培训教材，也可作为技能类课程认证培训教材，还可作为培训领域内相关人员参考书。

图书在版编目（CIP）数据

企业培训师授课技能标准化训战培训教材. 技能类授课 / 程绍兵主编；广东电网有限责任公司培训与评价中心组编. —北京：中国电力出版社，2021.3

ISBN 978-7-5198-5466-9

Ⅰ.①企… Ⅱ.①程… ②广… Ⅲ.①电力工业－工业企业管理－职工培训－中国－教材 Ⅳ.①F426.61

中国版本图书馆 CIP 数据核字 (2021) 第 049774 号

出版发行：中国电力出版社
地　　址：北京市东城区北京站西街 19 号（邮政编码 100005）
网　　址：http://www.cepp.sgcc.com.cn
责任编辑：冯宁宁（010-63412537）
责任校对：黄　蓓　王小鹏
装帧设计：赵珊珊
责任印制：吴　迪

印　　刷：三河市航远印刷有限公司
版　　次：2021 年 3 月第一版
印　　次：2021 年 3 月北京第一次印刷
开　　本：710 毫米 ×1000 毫米　16 开本
印　　张：16
字　　数：252 千字
定　　价：58.00 元

编 委 会

前　言

　　培训授课能力是企业培训师最重要的核心能力。根据培训目标和授课内容的不同，将培训授课大致划分为知识类授课和技能类授课两类，技能类授课与知识类授课在课程目标、授课内容、教学设计、培训方法、培训实施、教学管控等方面有较大区别，本书着重介绍技能类授课的必要知识和必备技能。

　　培训师技能类授课水平的高低直接影响到技能培训的效果，特别是同一技能培训项目，多位培训师参与授课，往往其培训效果和学员技能规范化存在较大偏差，迫切需要培训师技能培训标准化和规范化。作者在《电网企业培训师通用培训教材》（中国南方电网有限责任公司组编）的基础上，全面总结企业培训师通用能力轮训和技能培训授课经验，组织资深技能培训师团队开发了《企业培训师授课技能标准化训战培训教材——技能类授课》一书。本书按培训"定位—把关—备课—传授—改善"闭环，重点介绍了企业现代培训理念、技能课程目标确定、技能授课内容确定、技能培训教学设计、技能培训教学准备、技能培训教学实施、技能培训教学管控、技能教学调整改进等内容，本书内容架构如下图所示。

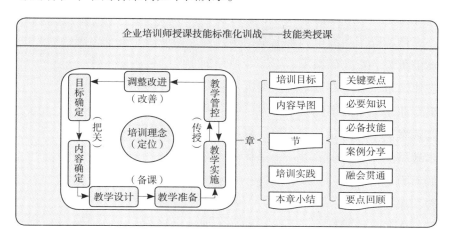

本书具有以下特点：

一是体现企业现代培训理念。在"以任务目标为导向，以参培学员为中心，以培训师为主导进行场景化学习"的现代培训理念指引下，编写各章节必要知识、必备技能、实践案例。

二是遵循实战技能生成规律。依照"技能必备、知识够用、知识服务技能"的原则，采用"导、学、悟、做"一体化的训战模式编写各关键授课技能。每节内容均按"关键要点、必要知识、必备技能、案例分享、融会贯通、要点回顾"思路呈现，重点突出关键技能及其应用。

三是突出学以致用场景化。教材内容直接对接技能授课实际，教材中 20 个关键授课技能点和与之对应的培训实践案例均来自企业实际生产作业项目培训，必要知识易学、易懂，必备技能易模仿、易转化。

四是技能训战流程化、表单化。教材章节编写按授课流程编写，每项关键授课技能点训战流程化，步骤要领表单化，授课流程与作业流程同质化，让培训师在实际培训中直接采用标准化流程、标准化表单进行备课、授课、管控和改善。

本书由广东电网有限责任公司培训与评价中心组编。其中，第一章由程绍兵、马泽鑫、黄哲编审，第二章由夏敏、张志超、程绍兵编审，第三章由郑志基、林子翔、尹亚统编审，第四章由程绍兵、许庆海、甘向锋编审，第五章由廖汉才、韩贤岁、程绍兵编审，第六章由韩玉龙、高翔、程绍兵编审，第七章由李红发、谢文浩、麦锦财编审，第八章由黄哲、贾宏伟编审；营销专业培训实践案例由廖汉才、陈荣、贾宏伟编审，配电专业培训实践案例由郑志基、尹亚统、黄哲编审，输电专业培训实践案例由李红发、甘向锋、谢文浩编审，变电专业培训实践案例由韩玉龙、麦锦财、夏敏编审，全书由程绍兵、黄哲统稿。本教材的完成得到编委员会全体同志和公司内有关单位、专家和同事的大力支持与帮助，深表感谢；对本教材引用或参考的著作及文献作者，深表感谢！

本书是以任务目标为导向的一本授课技能训战工具书，将培训理念融入授课技能训战实际中，有助于企业培训师标准化、规范化开展技能类授课。

限于编者水平，教材中难免存在疏漏、不足之处，敬请读者批评指正！

编者

2020 年 10 月

目　录

前　言

第一章　企业现代培训理念（定位篇） ················· 001

第一节　企业内部培训特征（明特征）················ 002

第二节　培训师的角色定位（知定位）················ 010

第三节　培训师的培训理念（循理念）················ 014

本章小结················ 020

第二章　技能课程目标确定（把关篇） ················· 021

第一节　授课任务分析（明任务）················ 022

第二节　培训对象分析（查对象）················ 034

第三节　课程目标制定（定目标）················ 039

实践案例················ 047

本章小结················ 050

第三章　技能授课内容确定（把关篇） ················· 051

第一节　授课主题确定（挖主题）················ 052

第二节　作业步骤梳理（理步骤）················ 060

第三节　授课大纲编制（定大纲）················ 066

实践案例················ 072

本章小结················ 073

第四章　技能培训教学设计（备课篇）･･････････ 075

第一节　教学设计框架与要素（搭框架）･･････････ 076

第二节　教学设计原则与构思（循原则）･･････････ 086

第三节　培训方法选用与呈现（选方法）･･････････ 091

第四节　教学实施环节的设计（设环节）･･････････ 105

实践案例････････････････････････････････ 114

本章小结････････････････････････････････ 115

第五章　技能培训教学准备（备课篇）･･････････ 117

第一节　培训风险辨识与预控（控风险）･･････････ 118

第二节　实训场地准备（备场地）･･････････････ 125

第三节　实训师资准备（备师资）･･････････････ 131

第四节　实训资料准备（备资料）･･････････････ 135

实践案例････････････････････････････････ 144

本章小结････････････････････････････････ 145

第六章　技能培训教学实施（传授篇）･･････････ 147

第一节　实训课前检查（查要件）･･････････････ 148

第二节　技能授课呈现（按步训）･･････････････ 153

第三节　技能实操考核（验技能）･･････････････ 172

第四节　实训课后清理（清要件）･･････････････ 180

实践案例････････････････････････････････ 184

本章小结････････････････････････････････ 185

第七章　技能培训教学管控（传授篇）･･････････ 187

第一节　实训过程管控（管过程）･･････････････ 188

第二节　实训安全管控（保安全）･･････････････ 207

第三节　实训质量管控（控质量）･･････････････ 219

实践案例････････････････････････････････ 221

本章小结････････････････････････････････ 222

第八章　技能教学调整改进（改善篇）·················· 223

　　第一节　教学反馈与调整（调反馈）··················· 224

　　第二节　教学反思与改进（补短板）··················· 235

　　本章小结···································· 240

附　录·· 241

参考文献·· 243

第一章　企业现代培训理念

▶ **培训目标**

任务目标：

培训师在培训全程（定位、把关、备课、授课、改善）能正确理解和应用培训理念。

知识目标：

（1）能正确概括企业培训导向、员工学习特征。

（2）能正确描述培训师在企业培训中的角色定位。

（3）能正确解释四大企业培训理念的内涵和应用场景。

▶ **内容导图**

企业培训理念是培训师在培训工作中应遵循的培训原则，培训师在培训全过程中要能正确理解和应用企业培训理念，确保企业培训价值的实现。本章主要内容包括企业内部培训特征、培训师的角色定位、培训师的培训理念三部分内容。企业培训理念内容导图如图 1-1 所示。

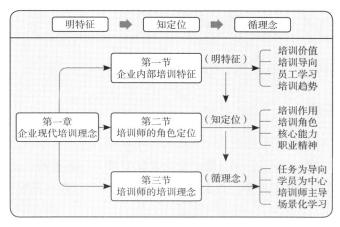

图 1-1　企业培训理念内容导图

定位篇

第一节 企业内部培训特征（明特征）

🎯 关键要点

　　企业内部培训特征包括企业培训价值特征、企业培训导向特征、企业员工学习特性和企业培训趋势特征四个部分的内容。其中企业培训导向特征和员工学习特性是本节的重点，员工学习特性是本节的难点。企业内部培训特征关键要点如图 1-2 所示。

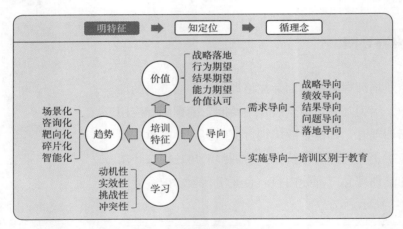

图 1-2　企业内部培训特征关键要点

📝 必要知识

一、企业培训价值特征

　　培训是企业获得人才的重要渠道之一，企业培训能让企业人才资本增值，能让企业和员工获得双赢。企业培训必须有助于企业文化变革与创新推动，助力企业战略落地；有助于推动技术进步，提高管理水平，支持企业业务发展；

有助于员工能力提升，帮助员工成长。企业培训师要诠释和呈现这些价值的具体体现及其内涵。企业培训价值具体描述见表1-1。

表 1-1   企业培训价值具体描述

培训价值 关注对象	培训价值 重要关注	培训价值 具体体现	培训价值 体现内涵
对企业的价值体现	战略落地：企业变革与创新战略落地	战略宣导	企业通过培训可以传达其战略目标、战略落地方针、战略执行文件、战略工作部署等，同时宣贯国家政策、行业政策、企业政策等相关政策文件
		文化传承	企业通过培训可以传达其经营准则、经营作风、企业精神、道德规范等企业文化内涵
		知识管理	企业通过课程开发、课程设计、专家授课等培训形式，可以将隐性的组织经验显性化，萃取形成可以传承、复制的知识、技能
对管理者的价值体现	行为期望：达到组织期望的员工行为改变	行为改变	培训可以实现企业管理理念的落地，提升员工和组织业务能力，改进员工行为，提升管理效率
	结果期望：减少、克服或消除组织问题	问题解决	培训可以从管理工作的具体问题出发，针对不同岗位和专业特点，制定具体的培训解决方案，让员工更快地适应本岗位工作
对学员的价值体现	能力期望：获得行为改变所必需的知识、技能和态度	经验学习	培训可以让员工迅速了解工作中的经验方法，有效避免一些工作上的失误，更快地适应岗位，适应工作
		技能提升	培训可以提升员工的操作水平和技能素养，从而更好地胜任技能任务
		士气激发	培训可以让员工在工作技能、工作态度和工作价值上持续进步，激发工作动力，更好地完成工作
对培训师的价值体现	价值认可：诠释和传导培训价值	精神激励	培训师通过培训可以为企业培养人才，增加获得感和认同感，得到精神方面的成长和收获
		技能提升	培训师通过培训可以不断反思总结经验，提升自己的教学技能和专业水平，完善自己的能力体系
		价值影响	培训师通过培训能在企业内部进行企业培训价值的诠释和正确传导，同时也体现了培训师的价值，从而获得企业、员工认可，体现培训师的价值

二、企业培训导向特征

企业培训价值需通过培训项目体现，而培训项目需求策划一般从战略导向、绩效导向、问题导向、落地导向和结果导向等培训需求导向入手，同时培训策略、方法、手段也区别于传统教育。

（一）培训需求导向

（1）战略导向。战略导向是企业培训的宏观目标，企业培训服从于企业战略落地。企业发展战略只有被广大员工认同、理解，才能被真正落地执行。企业培训就是要以企业战略为导向，从企业实际业务出发，挖掘企业培训需求，开发服从于企业战略导向的培训项目。

（2）绩效导向。绩效导向是企业培训的组织目标，企业培训服务于员工能力提升和绩效改善。企业培训必须从员工能力提升角度出发，从岗位职责要求、业务绩效要求挖掘培训需求，开发服务于企业组织绩效改善、员工能力业绩提升的培训项目。

（3）问题导向。问题导向是指企业培训的微观目标，企业培训助力于解决员工工作中遇到的实际问题，企业培训应针对企业发展中面临的问题展开需求研究、探讨和分析，开发助力于切实提升培训员工解决问题的专业理论水平和操作技能的培训项目。

（4）落地导向。落地导向是指企业培训需要将企业战略、组织绩效、实际问题等贯穿于实际培训中，其培训项目内容、实施方式等须符合客观实际，具体有效可行，做到培以致用，培训才具有生命力。

（5）结果导向。结果导向是指企业开展培训后需实现的结果，即企业培训之后要实现企业培训的价值。企业培训以结果为导向，以企业培训价值为结果，开展企业培训。

（二）培训实施导向：培训区别于教育

现代企业员工培训不同于传统教育或学历教育，作为培训师必须深刻理解其中的不同点，才能有效地开展企业培训。企业员工培训与学历教育的对比见表 1-2。

表 1-2　　　　　　　　　　企业员工培训与学历教育的对比

比较内容	企业员工培训	学历教育
行为	企业行为主导 + 个人行为	政府行为主导 + 个人行为
目的	战略落地、业绩提升、行为改变	知识获得、学历提升
评价	岗位能力评价	理论知识评价
对象	企业员工	在校学生
范围	企业需求，范围窄	各类基础学科，范围广
时间	短时集中	中长期集中
课程	个性定制化，侧重实际技能	国家规定，侧重系统知识
方法	双向交流、复杂问题简单化、主动发现式学习	单项灌输、简单问题复杂化、被动告知式学习
师资	多来自企业内部专家、行业专家	学校专职教师居多
场所	相对不固定，要求场景化	学校内相对固定课室

企业培训不同于学历教育，归纳起来主要体现在以下四个方面特征：

（1）培训以学员为中心，教育以师为中心。教育以师为中心是指以规定教学内容为中心，而教师严格按大纲教学，教学自然就以教师为中心。培训以学员为中心是指企业培训是以学员的需求为中心的，企业培训的目的是满足学员对知识、技能及态度提升的需求，由学员的需求决定了培训的内容。

（2）培训以学为重心，教育以教为重心。教育以教为重心是指学历教育中以教师传授的知识为重心，教师只需要传授学生必要的知识即可。培训以学为重心是指培训必须让学员通过自主学习为主，培训师引导启发，帮助其完成知识和技能的转化。

（3）培训中发现知识，教育被告知知识。教育被告知知识是指学历教育中，学员所学知识由教师单向告知灌输给学生，学生被动获得知识。而培训中发现知识，是指培训中学员积极参与到教师授课过程中，主动领悟发现知识。

（4）培训重授渔和欲，教育重育人授鱼。教育育人授鱼是指学历教育的目的是培养学生品德素养和逻辑思维，传授比较系统的知识，而这些知识不能立即加以在实际中运用。培训授渔和欲是指培训要将传递的知识、技能转化为实际行为在工作中生产应用，做到学以致用，同时需在培训过程中培养学员职业素养和敬业精神。

综上所述，企业培训以学员为中心，学以致用为主。培训师需要了解培训与教育的区别，设计和开展企业培训。

三、企业员工学习特性

培训过程实质上是培训师引导员工自主学习的过程。因此，培训师必须了解现代员工学习的特点，结合目前经济、技术和社会文化的快速演进，员工学习对培训提出了更多的要求，员工学习具有动机性、实效性、挑战性和冲突性的特点。

（一）动机性

动机性是指一个人的学习欲望和意愿。当学员的学习动机不强，即没有强烈的学习欲望和意愿，培训效果就会大打折扣；反之，如果员工的学习动机强烈，表现为强烈的自主学习热情，对培训有着强烈的好奇心和兴趣，则培训效果就会大大提高。学员的学习动机来源于利益、兴趣和发展三方面。

（1）利益。学员在接受培训任务的时候，首先考虑的是自己的利益，即培训考核通过后能获得哪些直接激励，比如取证、加薪、晋级、荣誉等。

（2）兴趣。有人说兴趣是最好的培训师，如果学员对某领域抱有强烈的兴趣，那么他在学习中将产生一种心流，让他愿意深入探索和研究。

（3）发展。如果培训与自身发展规划有关联，通过培训能改善和提高自身能力，促进发展，也会促使他愿意投入更多的时间和精力主动学习。

（二）实效性

实效性是学员希望培训对工作有帮助，并且能够立竿见影，能够获得成就感。实效性主要体现在培训目标明确性、培训内容实用性、培训收获成就感三个方面。

（1）目标明确性。学员们往往期待培训能在短期内提升他们的工作技能，为此，培训一定要设计切实可行的任务目标和知识目标，目标越精准，越具体，越容易让学员所接受，更容易引导学员往既定的目标前行。

（2）内容实用性。他们期待培训内容与自己的工作任务紧密相连，最好就是拿来就能用，纯理论性的知识往往不太受欢迎，培训内容设计要简练实用，符合成人学习规律。

（3）收获成就感。学员往往需要在培训过程中体现学习的成就感，现学现用，学后能取得具体实际的成果，更加能刺激学员的学习热情。

（三）挑战性

挑战性是指学员喜欢具有参与性的、有一定挑战性的培训内容学习和培训活动参与，这一类培训能激发学员参与的热情，并能让学员享受挑战成功的快乐。员工培训挑战性来自于获得尊重、表现自我、循旧求新三个方面。

（1）获得尊重。培训的对象都是成年人，他们往往来自一线，有着丰富的工作经历和经验，他们希望与培训师是平等关系，得到尊重和认可。

（2）表现自我。由于之前的工作和经验的积累，他们往往会习惯于将往常的经验和事物联系起来来确证新的概念，表现会比较自我，在培训中会提出自己的看法和见解，对培训既发挥正向作用但也可能会变成学习障碍，这时培训师需要给予充分尊重和引导，创造机会允许学员正向交流分享成功经验，培训师要加以引导跳出经验思维框，消除经验给他们设的限。

（3）循旧求新。成人学习内容不能跳跃度太大，否则增加其学习新知识的畏难情绪，他们也有求新的欲望，需要必要的有新知识、新技术、新手段，因此企业培训必须循旧求新，结合企业的实际和当今最前沿的趋势，让学员对培训内容有轻松感、新鲜感和针对性。

（四）冲突性

冲突性是指培训与工作、生活、身心等方面不一致而在心理和行为上对培训产生的一种畏难或排斥心理特性。培训冲突性主要表现在责任冲突、工学冲突、人际冲突、思维冲突、记忆冲突、效率冲突等方面。

责任冲突往往来源于家庭，特别是利用休息时间的学习，责任冲突就非常明显，个人本来想学，但家庭因素会极大地影响甚至直接放弃培训；工学冲突方面，很多企业的培训都安排在工作日，员工手头的工作又没办法交给别人，于是在培训过程中想着工作，甚至培训结束后，晚上还要赶回去工作，这样的冲突，让员工对培训有了抱怨；培训也会导致员工内部人际冲突，有时因为你要参加培训，而让部门中其他人增加了工作量，这时就会引起人际冲突；思维冲突是指学员一般会习惯于固有的思维方式和自我经验习惯，不容易改变已固有思维而造成思维冲突；记忆冲突是指随着年龄的增长，成年人的机械记忆能力会下降，如果培训需要机械地记忆大量的知识，就会造成记忆冲突；效率冲突主要体现在成人学习效率与培训期望成果之间有较大偏差，此时就会发生效率冲突，导致学员的满意度与培训师的期望值之间的冲突。

总而言之，现代企业培训尽量避免成人学习的冲突性，突出动机性、实效性和挑战性，这样才能让培训更有效，也更具价值。美国著名的成人教育学家马尔科姆·诺尔斯针对成人培训进行了大量教学实践和系统深入研究，总结出了成人有效培训"自愿原则、经验原则、自主原则、行动原则"四大关键原则和"自我导向、关联经验、强调实践、聚焦问题和内在驱动"五大措施，在现代企业培训中具有极大的指导意义。

四、企业培训趋势特征

伴随着全球经济、技术和社会文化的快速演进，企业培训领域也经历着巨大的变化，从以面授为主的线下培训向移动学习转变，从知识传导向行动学习转变，从大而全向精而深的靶向培训转变，从传统培训向场景化学习转变。

（一）场景化：打破学习与工作的隔阂

场景化培训是指在培训中构建类似工作实战的场景，让学员研讨或练习在该场景下的处理方式，并通过即时反馈促发学员行为的改变，最终提升学员的实战技能。场景化学习之所以成为企业培训青睐的主流学习趋势，是因其具有强烈的代入感，能有效萃取经验、对接业务场景痛点，知识迁移高效落地，强化实战能力等优势，场景化培训打破了学习与工作的隔阂，能有效提升培训的实效性。

（二）咨询化：关注实际工作问题的解决

咨询化培训是指通过运用体系化的咨询工具方法，在培训前聚焦问题、培训中实施培训、培训后四级评估，以咨询嵌套培训的方式帮助企业从解决问题出发，提升企业绩效的一种培训方式。咨询化培训让培训不仅停留在知识和技能提高的层面，而是拉长培训的时间维度，借助咨询工具切入实际工作问题和绩效提升的层面，切实地帮助学员理清工作中的难题，针对问题的根源采取相应的解决措施。

（三）靶向化：从大而全向精而深的靶向培训转变

靶向化培训是指针对不同层级、不同岗位甚至不同问题，开展的有针对性、方向性和实效性的培训。为增强培训的精准度，靶向培训一般围绕一特定主题，除了课堂授课外，还会开展主题研讨、问题分析、案例讨论等多种形式，力求解决工作中的实际问题，提升绩效，促进企业的持续性发展。靶向化培训应用范围目前依然以管理干部或特定主题如安全、廉洁等培训为主。

（四）碎片化：学习内容和时间碎片化

碎片化培训是指通过将学习内容分模块碎片化制作成时间短、内容精的微课学习，供学习者利用自己的碎片时间，随时随地学习。碎片化培训有效地解决了学习者的工学矛盾，越来越多的学习者利用手机或电脑来进行学习，学习者可以有效利用自己空余的时间，甚至是排队等候的时间来进行学习。碎片化培训特别适用于一些知识传递性的培训，不需要太多实操和深入的理解，把知识性的知识制作成图文、视频或者是动画类的微课，有效提升了学习的效率。

（五）智能化：培训学习技术手段智能化

智能化培训是指运用虚拟现实 AR 技术、大数据、智能搜索等新技术，对培训方式、培训内容、培训手段及培训管理进行智能化，提升培训的效果。培训方式的智能化主要是指利用虚拟现实 AR 技术，学习者佩戴 AR 智能眼镜，模拟真实的工作场景进行学习，在工作场景中，智能化辅助系统可以依照角色或流程等属性，即时提供给学习者个性化的任务内容并及时给予反馈。培训内容智能化主要是指根据学习者的程度与需求，匹配相关培训资源，个性化推荐学习内容。培训管理的智能化包括利用学习平台进行大数据的收集、管理和分析，指导培训工作的展开。

🖑 要点回顾

本节着重介绍了企业培训价值特征、企业培训导向特征、企业员工学习特征和企业培训趋势特征四方面内容。其中企业培训价值特征包括对企业的价值、对管理者的价值、对学员的价值和对讲师的价值；企业培训导向特征包括战略导向、绩效导向、问题导向、落地导向和结果导向等培训需求导向和培训区别于教育等特征；企业员工学习特性包括动机性、实效性、挑战性和冲突性四大特性；企业培训趋势特征有场景化、咨询化、靶向化、碎片化和智能化五个新趋势。

第二节　培训师的角色定位（知定位）

🎯 关键要点

　　培训师的角色是指培训师在企业培训中根据所起的作用而扮演的角色。培训师的角色定位主要包括培训师在培训中的作用、角色、能力和精神四方面，其中培训师在培训中的角色、培训师的核心能力是本节的重点，培训师的核心能力是本节的难点，培训师的角色定位关键要点如图 1-3 所示。

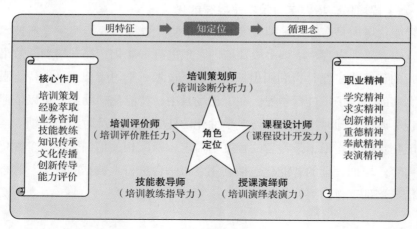

图 1-3　培训师的角色定位关键要点

✍ 必要知识

一、培训师的培训作用

　　企业培训师是培训体系的核心要素，在企业培训工作中，优秀的培训师往往起着业务咨询、技能教练、知识传承、文化传播、创新传导、培训策划、能力评价等方面的作用。培训师在企业培训中的作用见表 1-3。

表 1-3　　　　　　　　　　　培训师在企业培训中的作用

序号	核心作用	内容描述
1	业务咨询	培训师一般是本专业的业务专家，在自身所在专业领域有较高的知识和技能水平，具备较高的专业技术资格或技能等级，熟悉业务，在实际工作中或培训中起专业技术把关和技术业务咨询指导作用
2	技能教练	培训师一般熟悉员工能力成长情况，能够结合员工的职业生涯发展，给员工传授岗位专业知识和技能，是员工岗位胜任能力提升的助推器，是提升员工能力的贴身教练
3	知识传承	培训师是企业知识的传承者，能够把自己长期工作实践积累的知识、技能和经验进行提炼与总结，通过开发课程和教材、组织培训等多种方式，把企业宝贵的知识、经验和文化很好地传承下去
4	文化传播	传播企业文化，是培训工作的重要内容。企业文化对企业发展是极其重要的，可以增强员工归属感，增强企业凝聚力，需要不断传承下去。培训作为企业文化的传播者，要熟悉本企业的经营准则、企业精神、道德规范和战略目标，有效地传播企业文化
5	创新传导	培训师同时也是本专业的技能技术专家，除了要发扬师带徒的精神，做员工的技能贴身教练外，还要担负起创新传导的责任，组织开展职工创新活动，成为公司创新工作的传播者和实践者
6	培训策划	企业培训师还需要担当起培训项目策划的角色，进行培训项目的需求分析、培训项目方案与计划制定以及培训项目过程管控和评估
7	能力评价	培训师应是某个业务岗位的评价师，负责对业务岗位胜任能力进行考评，收集并总结能力评价中存在的痛点并将其转化为培训需求

二、培训师的培训角色

培训师在企业培训中扮演着培训全过程的设计者和执行者的关键角色，具体而言包含了培训策划师、课程设计师、授课演绎师、技能教导师和培训评价师等五种角色，具体内容见表1-4。

表 1-4　　　　　　　　　　　培训师在企业培训中的角色

序号	角色	内容描述
1	培训策划师	培训师需要充分运用相关的调查访谈方法和技术，围绕企业发展战略，从企业战略、绩效目标、员工行为等方面对组织及员工进行系统需求分析，找出组织或员工的绩效差距，诊断差距产生的原因，发现员工知识、技能和态度等方面的不足，从企业培训的维度策划培训需求，提出解决方案
2	课程设计师	培训师需要结合培训需求，设计课程内容，从培训的主题把握、知识点提炼、经验萃取等方面，设计出高质量的培训课程，需要结合学员特点，采用新的培训技术或手段，充分调动学员的积极性，设计有料、有趣、有效的课程，课程形式可以多样化，线上微课、直播课、线下课、研讨活动、实操活动等

续表

序号	角色	内容描述
3	授课演绎师	培训师要能够现场演绎课程内容，善于把课程内容准确、清晰地表达出来，并能够运用引导技术，让授课内容好听、好懂、好记、好用，让培训更具效用性
4	技能教导师	培训师要能够清晰准确地把技能传授给员工，自己做是一回事，把学员教会是另外一回事，因此，培训师需要学习教练引导技巧，掌握技能传授的技巧，把教会学员变成培训工作中的重点
5	培训评价师	培训师应当可以针对学员相关的技能考核要求制定评价标准，根据评价标准考核学员掌握情况，根据考核结果策划培训项目，编制培训内容，完成培训评价的闭环管理

三、培训师的核心能力

"工欲善其事必先利其器"，培训师要在培训中扮演好表 1-4 中的五种角色，必须不断提升相应的能力素养，才能更好地开展培训工作。培训师核心能力描述见表 1-5。

表 1–5　　　　　　　　　培训师核心能力描述

序号	角色	能力要求	能力描述
1	培训策划师	培训诊断分析力	培训诊断分析力是指在培训前采取科学的办法，对组织及学员的目标、知识、技能等方面进行系统的诊断与分析，从而确定培训必要性及培训内容的能力。 培训诊断分析力主要包括培训需求分析力、员工能力测评力等
2	课程设计师	课程设计开发力	课程设计开发力是指根据培训项目的要求和学员特点，确定课程目标，提炼课程内容，设计教学形式和活动的能力。 课程设计开发力包括了内容编写能力和教学设计能力，内容编写能力包含搜索力、提炼力、学习力、逻辑力、萃取力；教学设计能力包括引导力、归纳力、活动设计力
3	授课演绎师	培训演绎表演力	培训演绎表演力是指在培训过程中培训师有效表达、生动演绎课程的能力。 培训演绎表演力包括培训演绎表达能力、培训过程把控能力、培训总结提炼能力
4	技能教导师	培训教练指导力	培训教练指导力是指在培训过程中指导学员正确操作、运用知识或工具的能力。 培训教练指导力包括教练辅导力、反馈力、引导力等
5	培训评价师	培训评价胜任力	培训评价胜任力是指运用评估手段，对员工学习效果进行评价，对培训效果进行评估分析的能力。 培训评价胜任力包括培评标准编制能力、培训效果评估分析能力、员工能力评价能力等

四、培训师的职业精神

职业精神与人们的职业活动紧密联系，是具有职业特征的精神与操守。培训师作为企业的培训师，需要具有学究、求实、创新、重德、奉献、表演 6 个方面的职业精神体现，具体描述见表 1-6。

表 1-6 培训师职业精神描述

序号	职业精神	内容描述
1	学究精神	学究精神是指培训师要不断学习新知识、新技术，不断更新、改善知识结构，拥有刻苦钻研的学究精神，树立终身学习的观念，勤于实践，勤于思考，不断提高自己的业务水平，才能适应不断发展变化的职业培训工作的要求
2	求实精神	求实精神是指培训师对于自己讲授的知识要实事求是，要找到相应的理论根据和事实依据，也只有这样，培训师才会得到学员的尊重
3	创新精神	创新精神是指培训师要明确企业发展方向，定位培训目标，在培训体制、内容、方式、方法、思路等方面勇于创新，勇于实践，为不断提高员工的创新能力和创新素质做好榜样
4	重德精神	重德精神是指培训师在思想、品德、作风、纪律上成为员工的表率，严格要求自己，自觉遵守各项政治纪律、劳动纪律、组织纪律、学习纪律和财经纪律。只有以身作则、遵纪守法、为人师表，才能使培训事业沿着正确、健康的轨道前进
5	奉献精神	奉献精神是指培训师要热爱职业教育事业，深刻理解培训的意义和作用，工作中尽职尽责，恪尽职守，自觉自愿地为企业培训事业贡献自己的力量，为培训事业贡献自己的光和热
6	表演精神	表演精神是指培训师需要像演员一样训练自己的现场演绎能力，通过不断练习提升自己的现场授课能力，也只有这样才能练出培训师中的"老戏骨"

☞ 要点回顾

本节着重介绍了培训师在培训中的作用、角色、能力和精神四个方面的内容。其中培训师在培训中扮演培训策划师、课程设计师、授课演绎师、技能教导师、培训评价师等角色；培训师核心能力素养包括五项核心能力和六项职业精神。

第三节 培训师的培训理念（循理念）

🎯 关键要点

培训理念是指培训师在培训的各个环节中需要把握的基本原则。培训师在培训中应坚持"以任务目标为导向，以学员为中心，以培训师为主导进行场景化学习"的培训理念。培训理念关键要点如图 1-4 所示。

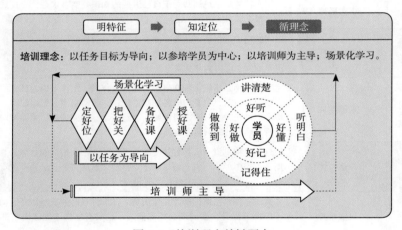

图 1-4 培训理念关键要点

✍ 必要知识

一、"以任务目标为导向"的培训理念

"以任务目标为导向"的培训理念是指通过培训能帮助学员达成任务目标，解决实际工作问题，获取自身价值期望的一种培训理念。企业培训要求培训师以"学员达成任务"为导向，逆向进行培训需求策划，倒推承担课程培训内容，以满足学员学习需求。（此处的任务是广义的，即指通过知识或技能或态度培训后，将学习结果应用迁移转变为实际行为，并按相关最低标准完成的

实际工作统称为任务，对应的行为称为任务行为，对应的课程目标成为任务目标。）

（一）理念内涵

1. 根据工作任务倒推培训内容

企业和管理者关注业务绩效，员工关注工作能力，培训的目的在于保障员工满足实际工作要求，提升能力的同时，提升工作业绩。为此企业通过建立岗位典型工作任务培训体系，从典型工作任务中提取核心培训内容，形成岗位学习地图。当培训师在接到承担某培训课程时，需要针对培训对象和所承担培训课程，进行与课程相应的典型工作任务分析和培训要素分析，即对所承担培训课程进行逆向再策划，精准分析培训任务，倒推学员需要学习和掌握的核心知识和必备技能，确定目标和课程大纲。

2. 根据短板问题倒推培训内容

管理者和员工都关注培训是否能解决问题，因此，培训内容应对接业务痛点，解决实际问题。培训师可利用场景化学习技术，根据企业业务痛点和业务短板问题，倒推培训需求，确定课程目标和课程大纲。

3. 根据企业战略倒推培训内容

企业战略或政策落地，往往需要培训，对这一类培训一般是战略宣贯解读、业务管理培训等，培训师要根据企业战略目标和战略举措结合企业实际和培训对象等来倒推培训需求，确定课程目标和课程大纲。

（二）理念落地

要贯彻培训以任务目标为导向的原则，必须在培训过程中把握好以下三点。

1. 培训目标——定好位（培训策划、目标定位）

培训目标定好位是指在培训中，培训师必须以任务为导向做好培训需求策划，将培训目的转化为培训目标，为整个培训项目实施定好位。

2. 培训主题——把好关（目标确定、大纲确定）

培训主题把好关是指培训师以任务为导向确定承担培训内容的知识目标和任务目标，以课程目标为依据确定课程主题，知识目标为任务目标服务，以知识目标确定课程必要知识主题，从而确定知识授课内容大纲，以任务目标确定课程必备技能主题，从而确定技能类授课内容大纲。

3.培训内容——备好课（教学设计、教学准备）

培训内容备好课是指培训师在教学设计环节和授课要件（比如技能实训标准化作业指导书）准备等上体现以任务目标为导向的原则。在教学设计环节体现在紧紧围绕任务目标，根据培训内容选择合适的教学策略和教学方法，设计教学活动，确保学员在完成培训后达成课程目标。在授课要件设计制作时要遵循教学性原则，围绕培训目标进行设计。

二、"以参培学员为中心"的培训理念

（一）理念内涵

在学习心理学中认为，学员是学习的主体，是解决问题的人；而培训师就是一个启发者，是一个带领者，一个组织者，一个设计学习流程的人。其琢磨的不是把知识和技能展示给学员，而是如何让学员自己发现知识和体验技能。

1.以学员需求为中心确定培训内容

以学员需求为中心，确定培训内容。即调查了解员工能力差距，分析其知识、技能、态度方面的能力欠缺，明确学员需要学习什么，培训师就培训什么，而非培训师想讲什么就讲什么。

2.以学员学以致用为目的进行教学设计

以学员学以致用为目标，进行培训策划和教学设计。在进行培训项目策划时，必须考虑培训须解决的实际问题，而非只为完成培训任务而开展培训，在进行教学整体设计和实施设计时，必须以训练学员技能为导向，知识培训需为技能培训服务，重点围绕必要知识和必备技能进行教学活动设计。

3.以学员任务场景为链接进行场景化学习

以学员任务场景为链接，对接业务痛点，带学员进入精心设计的场景中去，鼓励学员积极参与其中，主动发现知识，寻找出解决问题的方法和工具，引导学员解决实际问题。

4.以提高学员学习效率为重点积极引导培训

以学员为中心，将学习的主动权交还给学员，避免出现单向灌输、知识被告知的情况，而培训师选用多种策略、方法、手段充分激发学员学习动机，注重教与学的双向性，充当集体学习活动中引导者的角色，在教学实施过程中进

行有效教学管控和教学反馈调整。

（二）理念落地

"以学员为中心"培训理念的落地，要求培训师在整个培训过程中，满足学员需求，在心态上积极引导学员，在培训方式上多样化，实现培训师"四能"，即能"讲清楚"、能让学员"听明白、记得住、做得到"；从而实现学员"四好"，即"好听、好懂、好记、好用"。

1.全程保障，满足学员需求

培训师要在整个培训管理上提供全程全方位保障，满足学员需求，让学员全身心投入学习中去。具体可从培训资源、培训内容、教学模式、培训后支持等方面以学员为中心提供全程保障。

2.转变心态，积极引导培训

培训师要转变心态，从以培训师为中心向以学员为中心转变，从单向告知知识向双向发现知识转变，培训师变成培训引导者。

3.转变方式，实现学员"四好"

培训师要转变培训方式，将单一的传递接受策略转变为以引导为主多种策略组合的培训方式，采用多种教学方法和手段进行引导式教学，按照授好课四原则"讲清楚（好听）、听明白（好懂）、记得住（好记）、做得到（好用）"进行教与学，培训师尽量做到授课十到位即"内容到位、逻辑到位、控制到位、方法到位、引导到位、语言到位、总结到位、提炼到位、演示到位、练评到位"，尽量实现学员学习"过程不迷茫、思维不混乱、内容不走神、语言不枯燥、氛围不沉闷、知识不疑惑、关键记得住、方法用得上、要领做得到、风险控得牢"的培训效果。

三、"以培训师为主导"的培训理念

培训师主导是指在"以学员为中心"的培训理念指导下，在培训全过程中，培训师幕后策划、设计、管控整个培训，扮演"编、导、演"的角色。培训理念的落地主要体现在以下几方面。

（一）定位

定位是指对培训目标进行定位。定位由培训师主导，坚持以任务为导向、以学员为中心，进行培训需求策划、培训目标确定、培训课程确定等，即培训师从培训目标源头主导定好位。

（二）把关

把关是指对培训主题和培训内容的把关，即对课程内容大纲把关。课程内容大纲确定要坚持以课程目标为导向、以学员为中心，分别对知识类授课内容大纲和技能类授课内容大纲明确，即培训师从授课内容角度主导把好关。

（三）备课

备课是指根据课程目标、课程大纲进行教学整体设计、教学实施设计、教学资源准备、授课 PPT 制作、授课演练等课前准备。备课要坚持以课程目标为导向、以学员为中心，即培训师从授课呈现角度主导备好课。

（四）授课

授课是指培训师按教学实施设计进行现场授课呈现。培训师在现场授课呈现时坚持以学员为中心，按授课四原则进行引导式授课，同时做好过程管控、质量管控、安全管控等，即培训师从授课效果角度主导授好课。

（五）改善

改善是指教学反馈与调整和教学反思与改进。好的培训课程都是靠不断的反馈、改进、更新迭代才打磨出来的，培训师要从课程和师资两方面在课中做好反馈与调整、课后做好反思与改进，即培训师从教学闭环角度主导改好课。

四、"场景化学习"的培训理念

场景化学习是把真实的业务场景搬到课堂，将培训内容与培训对象建立直接链接的强关系，培训师与场景融合一体，是场景的一部分。场景化学习方式将成为企业培训的主流方式。

（一）场景化学习的价值

1.萃取经验，有效管理知识

企业培训中，组织经验传承是非常重要的，这需要企业借助场景化学习的方法和工具，对组织经验进行萃取，经过系统化的整合和提炼，形成相对通用的理论、方法论，其流程、步骤、方法、工具、模板、口诀等可以复制，这大大弥补了企业案例库提取经验的不足。

2.对接业务痛点，解决实际问题

采用场景化学习就是将学习内容直接对接业务场景、学习活动直接链接业务实践，特别将挑战性场景、问题性场景等痛点场景与学习过程融为一体，既能快速改善业务痛点、解决实际问题，也符合学员改善工作方法和提升绩效的需要。这将克服常规培训中学员很难将培训所学知识技能迁移应用到业务中去的问题，避免重复多次培训却看不到效果。

3.知识迁移，高效落地学习内容

场景化学习中的场景都来自企业实际的工作典型场景，与学习者遇到的问题和挑战非常一致。而场景化学习就是要训练学员熟练应对这些场景的能力，是他们能够很快地将学习内容迁移应用到实际工作中，让知识管理的系统从知识获取、创造储存、分析挖掘、转移传播、应用验证正向顺利循环起来，培训的知识内容才能发挥应有的效果，才能高效落地。

（二）场景化学习的落地

1.场景还原

在培训前，培训师应以典型任务、业务痛点等为抓手，收集场景资源，挖掘案例场景逻辑，提取关键性场景素材。

2.场景重构

根据培训目标和培训内容进行培训场景重构和设计，将培训目标与培训重难点与场景链接，进行培训场景设计（包括背景设计、目标设计、环节设计、角色设计、过程设计、评价设计等）。

3.内容优化

培训师围绕培训场景优化培训内容框架和关键输出知识点。在组织经验萃取形成培训课程内容中直接对接业务场景、工作场景、问题场景中痛点问题，以解决实际问题、改善业务痛点为目标，以学员为中心进行场景化学习内容优化，让场景与教学点相融合。

4.教学设计

教学实施设计直接对接场景化学习内容、将教学活动置于真实场景中，以学员为中心进行场景体验设计，培训师既是引导者也是场景的一部分。

5.教学引导

在教学呈现环节，培训师是"导和演"角色，重在引导学员在场景中自主参与场景中的角色扮演，在场景中发现知识、应用知识、迁移知识。

6.训战结合

训战结合是场景化学习的一种主要形式，强调学员的个人实战能力，在场景中训练学员、在场景中实战检验学员。

要点回顾

本节着重介绍了以任务目标为导向、以参培学员中心、以培训师为主导进行场景化学习的培训理念。其中"以任务目标为导向"的培训理侧重强调培训内容以任务目标为导向，"以参培学员为中心"的培训理念侧重强调学习内容和教学设计以参培学员为中心，"培训师为主导"培训理念侧重强调培训全程幕后管控以培训师为主导，"场景化学习"侧重强调培训内容和学习过程场景化。

▶ 本章小结

本章重点介绍了企业内部的培训特征、培训师的角色定位、培训师培训理念三部分内容。

企业培训具有战略导向、绩效导向、问题导向、落地导向和结果导向的特征，企业员工学习具有动机性、实效性、挑战性和冲突性四大特性；企业培训主流趋势有场景化、咨询化、靶向化、碎片化和智能化五个新趋势。

培训师在企业中角色定位为企业培训策划师、课程设计师、授课演绎师、技能教导师、培训评价师，应具备相应的核心能力和职业精神。

培训师在培训时应坚持以任务目标为导向、以参培学员中心、以培训师为主导进行场景化学习的培训理念。培训师应在培训定位、把关、备课、授课、改善等培训全过程将培训理念落地，实现企业培训价值。

▶ 培训目标

任务目标：

（1）在授课任务分析后，能依据工作任务要求确定课程的核心技能和核心知识。

（2）在培训对象分析后，能确定培训对象现具有的核心技能和核心知识。

（3）在能力差距分析后，运用 ABCD 法制定符合 SMART 原则的授课任务目标和知识目标。

知识目标：

（1）正确描述培训任务分析 6W1H 法和工作任务"剥洋葱"分解法的步骤及要领。

（2）正确简述培训对象分析的内容及要求。

（3）正确描述任务目标和知识目标内涵、目标确定思路、编写方法、表达描述要求。

▶ 内容导图

课程目标是培训师进行课程教学设计的基本依据，是培训目的落地的行为体现和标准，课程目标在培训教学中起定位作用。本章主要包括授课任务分析、培训对象分析、课程目标制定三部分内容，具体内容导图如图 2-1 所示。

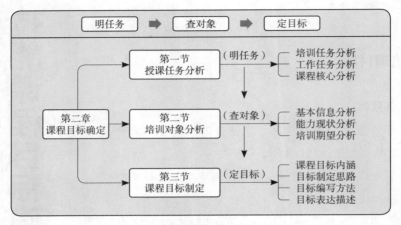

图 2-1　课程目标确定内容导图

第一节　授课任务分析（明任务）

🎯 关键要点

授课任务分析是指培训师在实施培训授课前，对所授课程关联的培训项目要素和与课程匹配的典型工作任务进行深入分析，明确课程核心知识和核心技能，为精准定位课程目标提供依据。授课任务分析主要包括培训任务分析和典型工作任务分析两部分。其中，培训任务分析中"承担课程的培训要素分析"和工作任务分析中的"承担课程所对应的典型工作任务分析"是本节的重点，承担课程的核心技能和核心知识点分析是本节的难点。授课任务分析关键要点如图 2-2 所示。

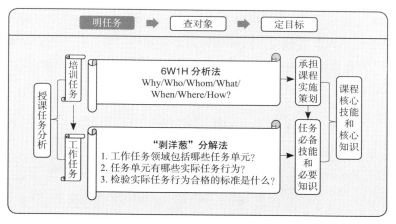

图 2-2　授课任务分析关键要点

📝 必要知识

一、培训任务分析

培训任务分析主要包括培训项目要素分析和所承担培训任务（或课程）的要素分析两部分。

（一）培训任务分析概述

培训任务是指在培训项目实施过程中，培训师所承担的培训项目中的某项具体培训任务。培训项目实施前已由培训组织者完成了培训项目需求分析、培训项目策划，并形成了培训项目策划书。

培训任务分析是指在实施培训之前，培训师深度理解和正确解读培训项目策划书的过程，实质是培训实施"再策划"，明确培训要素内涵，做好培训准备。

培训任务分析思路一般先解析培训项目策划书，掌握培训全要素内涵；然后对所承担的培训任务进行培训要素分析，明确承担任务在培训项目中的地位及内在关联关系，为培训实施做好准备。

培训任务分析方法常采用培训要素分析法，即所谓的 6W1H 法：Why（培训目的）、Who（培训师资）、Whom（培训对象）、When（培训时间）、

Where（培训地点）、What（培训内容）、How（培训方式）。通过对原培训项目策划书中的培训要素分析，培训师针对即将实施的培训任务肯定明确地"自问自答"：为什么要培训？培训谁？谁来培训？何时培训？何地培训？培训什么？怎么培训？。6W1H 法具体内容见表 2-1。

表 2-1   6W1H 法具体内容

分析要素	要素含义	分析要点
Why	为什么培训？ （培训目的或目标）	（1）分析目的：组织培训期望、学员培训期望、不培训的后果。 （2）分析目标：知识目标、任务目标
What	培训什么？ （培训内容或培训课题）	（1）分析培训主题。 （2）分析培训类别（知识/态度类或技能类）
Who	谁负责培训？ （培训师或教练）	（1）分析培训师来源及资质。 （2）分析师资组合及任务分工
Whom	谁参加培训？ （参培对象）	（1）分析学员构成及人数。 （2）分析学员岗位及能力状况。 （3）分析学员对培训的期望
When	什么时候培训？ （培训时间及培训时长）	（1）分析培训起止时间。 （2）分析学时分配和频次
Where	在哪儿培训？ （培训地点及场地）	（1）分析培训地点、基地属性。 （2）分析培训场地配套设施。 （3）分析补充的其他培训设施
How	怎样培训？ （培训方式及教学模式）	（1）分析培训方式（集中培训、讲座、现场培训、网络直播等）。 （2）分析教学模式（教学策略、教学活动方式、训练任务等）

（二）培训项目要素分析

培训项目要素分析（总体分析）就是对培训项目策划书进行深入解读，明确培训项目的关键要素，具体采用 6W1H 法分析，根据各要素含义及分析要点，完成培训实施"再策划"，明确培训实施必需的关键信息。培训项目要素分析见表 2-2。

表 2-2   培训项目要素分析表

培训项目分析要素		培训项目要素分析结果 （来源于组织的培训项目策划书）
分析要素	要素含义	
Why	为什么培训？ （培训目的或目标）	（1）明确培训目的。 （2）明确培训目标（知识目标、任务目标）

续表

培训项目分析要素		培训项目要素分析结果 （来源于组织的培训项目策划书）
分析要素	要素含义	
What	培训什么？ （培训内容或培训课题）	（1）明确培训课程主题或大纲。 （2）明确培训课程类别（知识类/技能类）。 （3）明确必需的培训资料
Who	谁负责培训？ （培训师或教练）	（1）明确师资来源（内部培训师或外部培训师）。 （2）明确师资资质及人数。 （3）明确师资任务分工
Whom	谁参加培训？ （参培对象）	（1）明确学员人数及专业类别。 （2）了解学员工作任务胜任能力状况。 （3）了解学员对培训的期望
When	什么时候培训？ （培训时间及培训时长）	（1）明确培训班起止时间、期次。 （2）明确培训内容学时分配及授课频次、授课时段。 （3）协调培训与工作时间安排
Where	在哪儿培训？ （培训地点及场地）	（1）明确培训地点及基地。 （2）明确培训场地（理论课室或实训场地）。 （3）明确配套设备设施。 （4）提出补充设备设施
How	怎样培训？ （培训方式及教学模式）	（1）明确培训方式。 （2）预设培训模式

（三）所承担培训任务（或课程）的要素分析

在培训项目要素分析基础上，分析所承担培训任务（或课程）与培训项目要素间的关联关系，具体采用6W1H法分析，明确承担培训任务的关键要素，完成承担培训任务的实施策划，重点明确承担培训任务的目的、内容及课程类别（技能类、知识类）等。承担培训任务的要素分析见表2-3。

表2-3　　　　　　　　　　承担培训任务的要素分析表

培训任务分析要素		承担培训任务要素分析结果 （来源于培训项目分析）	培训准备 （培训分析应用）
分析要素	要素含义		
Why	为什么培训？ （培训目的或目标）	（1）明确所担任课程对应的培训目的。 （2）明确所担任课程对应的培训目标	确定课程目标 （结合工作任务分析、学员分析）
What	培训什么？ （培训内容或培训课题）	（1）明确所担任课程与培训主题的关系。 （2）确定所担任课程的培训内容及类别（知识类/技能类）。 （3）明确授课需准备的培训资料	确定课程大纲和培训资源 （结合工作任务分析、学员分析）

续表

培训任务分析要素		承担培训任务要素分析结果 （来源于培训项目分析）	培训准备 （培训分析应用）
分析要素	要素含义		
Who	谁负责培训? （培训师或教练）	（1）了解培训项目师资团队，落实培训内容过渡衔接，明确共享培训资源。 （2）明确所担任课程的师资及任务分工	确定课程师资 （结合课程大纲、培训方式、教学模式）
Whom	谁参加培训? （参培对象）	（1）了解前置课程培训时学员分组、排位。 （2）了解学员对前置课程学习效果及意见。 （3）明确学员类别及学习能力状况和培训期望。 （4）明确所授课程对学员分组及排位的要求	确定学员分组及排位 （结合培训方式、培训场地）
When	什么时候培训? （培训时间及培训时长）	（1）明确受托培训时间，担任课程学时、频次。 （2）明确课程开始与结束对时间的特殊要求。 （3）合理安排培训与工作时间	确定课程时间安排表 （结合培训大纲、培训师资、培训场地）
Where	在哪儿培训? （培训地点及场地）	（1）明确受托培训授课地点、理论课室或实训场地。 （2）明确担任课程对场地配套设备设施要求。 （3）落实培训资源	确定培训场地及资源安排 （结合培训方式、教学模式、学员人数及分组）
How	怎样培训? （培训方式及教学模式）	（1）明确担任课程的培训方式。 （2）预设担任课程的教学模式	教学实施设计 （综合以上要素）

二、工作任务分析

工作任务分析包括培训项目对应的工作任务分析、与所承担培训课程匹配的工作任务分析两部分。

（一）工作任务分析与方法

工作任务是指与培训项目中培训目的和培训内容所对应的实际工作任务，包括学员现岗位工作任务或经培训后需要学员完成的工作任务（含个人能力提升任务）等。

工作任务分析是指在实施培训之前，培训师对承担培训任务所匹配的工作任务进行任务行为分析，明确完成此项工作任务必备技能和必要知识。相当于培训项目需求分析的"逆向溯源"，培训项目需求分析以典型工作任务分析来确定培训课程，而此处的工作任务分析是根据明确的培训课程逆向分析课程对应的典型任务。

工作任务分析一般采用"剥洋葱"分解法，横向以任务类别为主线，纵向以任务流程为主线，采用"剥洋葱"的方式逐类逐层递进分解分析，分析要素包括任务领域、任务单元、任务步骤、任务行为、质量标准、能力要素等。与承担课程匹配的工作任务分析要素见表2-4。

（二）与所承担培训任务（或课程）匹配的工作任务分析

与课程匹配的工作任务分析思路是根据已知课程信息"逆向溯源"分析其匹配的典型工作任务，再对典型工作任务进行任务必备能力要素（必需知识、必备技能）分析。一般是先根据培训项目分析承担课程所属工作任务领域，明确与承担课程相匹配的典型工作任务；然后对典型工作任务进行任务行为分析，明确完成典型工作任务的必需知识和必备技能及质量标准。一般按如下步骤分析：明确承担课程及培训内容、分类明确任务领域、逐类分解任务单元、逐单元分解任务步骤、逐步分解任务行为、明确任务行为必备能力要素（必需知识、必备技能），见表2-4。

表 2-4　　　　　　　　与承担课程匹配的工作任务分析要素表

承担课程	任务领域	承担课程内容	典型工作任务（任务单元）	关键任务步骤（关键操作步骤）	关键任务行为	行为标准	任务必备技能	任务必需知识
培训课程1	任务领域1		任务单元1.1	步骤1				
				步骤2				
				⋮				
			任务单元1.2	步骤1				
				步骤2				
				⋮				
			任务单元1.3	步骤1				
				步骤2				
				⋮				
	任务领域2		任务单元2.1	步骤1				
⋮	⋮		⋮	⋮				

三、课程核心技能点和核心知识点分析

将培训任务分析得出的培训目的、课程内容与工作任务分析得出的必备能力要素（必需知识和必备技能）进行比对分析，以目标为导向，以典型任务中关键任务步骤、关键任务行为为依据，符合培训目的和课程内容要求的必备能力要素即确定为课程核心技能和核心知识。培训课程核心技能点和知识点分析表见表 2-5。

表 2-5　　　　　　　　培训课程核心技能点和知识点分析表

承担培训课程	承担课程培训目的	承担课程培训内容	关键任务行为	任务必备技能	任务必需知识	课程核心技能	课程核心知识
培训课程 1							
⋮			⋮	⋮	⋮	⋮	⋮

✿ 必备技能

必备技能 2-1：承担课程的培训实施策划及课程核心技能和核心知识的确定

场景描述

培训组织向培训师提供培训项目需求分析报告、培训项目策划书、培训项目实施方案或培训授课任务通知等关键资料，完成承担课程的培训实施策划，并对与承担课程匹配的任务进行分析，从而确定培训课程的核心知识点和核心技能点。

操作步骤及要领

第一步：完成承担课程的培训实施策划。完成培训项目的培训要素分析、承担课程的培训要素分析，明确培训准备，明确承担课程及内容、类别及相关要求。承担课程的培训实施策划过程见表 2-6。

第二步：承担课程匹配的典型工作任务分析。明确任务必需知识和必备技能。

第三步：明确课程的核心技能点和核心知识点。符合课程目的和课程内容的必需知识对应列为课程核心知识，符合课程目的和课程内容的必备技能列为课程的核心技能。课程核心技能和核心知识确定过程见表 2-7。

表2-6

承担课程的培训实施策划过程表

分析要素	承担课程分析要素及说明		培训项目要素分析结果	承担课程的培训要素分析结果	培训要件准备（培训应用）	备注
	要素含义	分析要点				
Why	为什么培训?（培训目的或目标）	（1）分析目的。（2）分析目标	（1）明确培训目的。（2）明确目的转移目标	（1）明确所担任课程对应的培训目的。（2）明确所担任课程对应的培训目标	确定课程目标（结合工作任务分析、学员分析）	以目标为导向
What	培训什么?（培训内容或培训课题）	（1）分析培训主题。（2）分析培训内容类别（知识类/技能类）（3）分析培训类	（1）明确培训主题大纲。（2）明确培训内容类别。（3）明确必需的培训资料	（1）明确所担任课程与培训主题的关系。（2）确定所担任课程的培训内容类别。（3）明确授课需准备的培训资料	确定课程大纲和培训资源（结合工作任务分析、学员分析）	以目标为导向
Who	谁负责培训?（培训师或教练）	（1）分析培训师来源及资质。（2）分析师资组合及任务分工	（1）明确师资来源（内部培训师或外部培训师）。（2）明确师资资质及人数。（3）明确师资任务分工	（1）了解培训项目师资团队，落实培训内容过渡衔接，明确共享培训资源事项。（2）明确所担任课程配合师资及任务分工	确定课程师资（结合课程大纲、培训方式、培训模式）	
Whom	谁参加培训?（参加对象）	（1）分析学员构成及人数。（2）分析学员岗位及能力状况。（3）分析学员对培训的期望	（1）明确学员人数及类别。（2）了解学员工作任务胜任能力状况。（3）了解学员对培训期望	（1）了解前置课程培训时学员分组、排位。（2）了解学员对前置课程学习效果及意见。（3）明确学员类别及学习能力状况和培训期望。（4）明确所授课程对学员分组及排位的要求	确定学员分组及排位、培训方式（结合培训内容、培训场地）	

技能类授课

续表

培训任务分析要素及说明			培训项目要素分析结果	承担课程的培训要素分析结果	培训要件准备（培训分析应用）	备注
分析要素	要素含义	分析要点				
When	什么时候培训?（培训时间及培训时长）	（1）分析培训起止时间。 （2）分析学时分配和频次	（1）明确培训班起止时间、期次。 （2）明确培训内容学时、授课分配及授课预次、授课时段。 （3）协调培训与工作时间安排	（1）明确受托培训时间、担任课程学时、频次。 （2）明确课程开始与结束对时间的特殊要求。 （3）合理安排培训与工作时间	确定课程时间安排表（结合培训大纲、培训师资、培训场地）	
Where	在哪儿培训?（培训地点及场地）	（1）分析培训地点及基地属性。 （2）分析培训场地配套设施。 （3）分析补充的其他培训设施	（1）明确培训地点及基地。 （2）明确培训场地（理论课或实训场地）。 （3）明确配套设备设施。 （4）提出补充设备设施	（1）明确受托培训授课地点、理论课室或实训场地。 （2）明确担任课程对场地设备设施要求。 （3）落实培训资源	确定培训场地及资源安排（结合培训方式、培训模式、学员人数及分组）	
How	怎样培训?（培训方式、培训模式）	（1）分析培训方式。 （2）分析培训模式	（1）明确培训方式。 （2）预设培训模式	（1）明确担任课程的培训方式。 （2）预设担任课程的教学模式	教学实施设计（综合以上要素）	以学员为中心

表2-7　课程核心技能和核心知识确定过程表

承担课程培训（来自承担课程培训任务分析）	承担课程培训目的（来自承担培训任务分析）	承担课程培训内容（来自承担课程训任务分析）	任务单元（对应课题单元/单项技能）	关键任务步骤（关键操作步骤）	关键任务行为（关键操作点）	任务必备技能	任务必需知识	课程核心技能（技能点）	课程核心知识（知识点）
培训课程1			任务单元1.1	步骤1					
				步骤2					
				…					
			任务单元1.2	步骤1					
				步骤2					
				…					
			任务单元1.3	步骤1					
				步骤2					
				…					

🖐 案例分享

案例分享 2-1：《低压三相四线电能表装表接电技能培训》培训实施策划及课程核心技能和核心知识的确定

案例场景

某供电公司的《低压三相四线电能表装表接电技能培训》项目策划书见表 2-8，廖某某师资团队承担此培训项目中的《低压三相四线电能表装表接电技能培训》课程授课任务，授课时长为 18 学时；其中廖某某师资团队中刘某某承担此培训项目中的《低压三相四线电能表装表接电理论知识》课程授课任务，授课时长为 6 学时。【说明：本教材所有"案例分享"采用同一案例场景】

表 2-8 某供电公司的《低压三相四线电能表装表接电技能培训》项目策划书

培训项目名称	低压三相四线电能表装表接电技能培训		
培训对象类别	技能类	培训人数	30×3
培训对象描述	营销专业装表接电中级作业员：男 25 人，女 5 人；40 岁及以上 20 人，40 岁以下 10 人；大专学历及以上 5 人，大专学历以下 25 人；均为基层供电所装表接电中级工或中级作业员		
培训目的（目标）	解决营销专业中级作业员升高级作业员考核通过率不高的问题，提升装表接电高级作业员岗位胜任能力，帮助其掌握低压三相四线电能表装表接电技能		
主办单位（部门）	×× 地市局培评中心		
承办单位（部门）	×× 地市局 ×× 培训基地		
协办单位（部门）			
培训期次	3	每期培训学时	24
师资来源	培训师	培训方式	集中培训
主要培训内容	重点培训： （1）三相四线电能表相关理论知识。 （2）三相四线电能表装表接电技能		
培训场地及设施设备要求	×× 培训基地多媒体课室 1 间及装表接电实训室，配备三相四线电能表安装工位及其必要工具和耗材。（6 个工位）		
培训证书类别	××	发证单位	××
培训评估	评估级别	二级评估	
	评估方法和工具	满意度调查和技能现场考核	
	负责评估的单位（部门）	×× 实训基地	

廖某某培训师根据以上信息进行所承担课程培训实施策划和课程核心技能和核心知识的确定，其结果见【二维码2-1】。

💬 **融会贯通**

训练任务 2-1：承担课程的培训实施策划及课程核心知识和核心技能确定

训练任务：根据背景材料完成《×××》课程的培训实施策划，确定其核心技能和核心知识，并将策划内容填入【二维码2-2】表中。

场景材料：给出培训项目策划书。

训练要求：小组学员根据策划书研讨，集体完成小组承担课程的实施策划和承担课程匹配的某一任务单元所对应的课程核心知识点和技能点；完成时间控制在60min内。

👆 **要点回顾**

本节着重介绍培训任务分析和工作任务分析。其中培训任务分析6W1H法要素包括Why/What/Who/Whom/When/Where/Why，通过培训任务分析明确承担课程的培训要件准备内容；工作任务分析采用"剥洋葱"分解法，分析要素包括任务领域、任务单元、任务步骤、任务行为、质量标准、能力要素，通过对课程匹配的任务分析明确承担课程的核心技能和核心知识。

【二维码 2-1】

案例分享 2-1：
《低压三相四线电能表装表接电技能培训》课程培训实施策划及课程核心技能和核心知识的确定

【二维码 2-2】

训练任务 2-1：
承担课程的培训实施策划及课程核心知识和核心技能确定

第二节 培训对象分析（查对象）

关键要点

　　培训对象任务分析是指培训师在实施培训授课前，对明确的参培学员开展分析，为精准定位课程目标、把握内容深度和宽度、选配合适的培训方法和手段提供依据和指引。培训对象分析主要包括学员基本信息分析、现有能力现状分析、培训期望分析等，其中现有能力现状分析是本节的重点，培训期望分析是本节的难点。学员对象分析关键要点如图 2-3 所示。

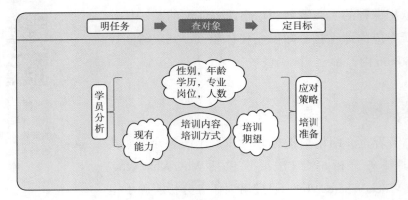

图 2-3　学员对象分析关键要点

必要知识

一、学员基本信息分析

　　学员基本信息分析是指在培训授课前，培训师以明确的课程内容（上一节培训任务分析所得课程核心知识和技能）为依据，以明确的参培学员为对象，开展参培学员基本信息定性分析。开展学员基本信息分析的目的主要是以学员为中心定位培训方式，是对授课实施的"再策划"。

学员基本信息分析主要包括性别人数统计、年龄分段人数统计、学历层次人数统计、专业岗位人数统计等，这些基本信息由培训组织提供，也可以从参培人员汇总表中筛选统计，或从培训需求分析报告、培训项目策划书中获取。学员基本信息分析与应用见表2-9。

表 2-9 　　　　　　　　　　　　学员基本信息分析与应用表

分析要素	分析意义	基本特点	应对策略	培训准备
性别	（1）了解思维传导。 （2）了解情绪表达。 （3）了解活动倾向	（1）男性多数理性思维，女性多数感性思维。 （2）男性多数直接表达，女性多数含蓄表达。 （3）男女有别，活动禁忌	以多数为主安排教学，兼顾个性，着重考虑知识展开方式和活动设计	培训方法选择、培训活动设计、培训分组安排
年龄	（1）了解反应力。 （2）了解理解力。 （3）了解记忆力	活动反应力、新知理解力、知识记忆力随年龄增加会降低	以多数为主安排教学，兼顾个性，着重考虑授课方式和活动设计	培训方法选择、培训活动设计、培训分组安排
学历	（1）了解思维能力。 （2）了解学习能力。 （3）了解技能水平	（1）一般学历高，逻辑思维能力强。 （2）一般学历高，新知学习能力强。 （3）一般学历越高，技能基础较弱	以多数为主安排教学，兼顾个性，着重考虑内容侧重和培训方式	培训内容处理、培训活动设计、培训分组安排
专业/岗位	（1）了解知识背景。 （2）了解岗位技能	一般专业与岗位匹配度高的理论知识和岗位技能较高	以岗位为主，兼顾专业，着重考虑内容侧重	培训内容处理、培训活动设计、培训分组安排

二、能力现状分析

能力现状是指参培学员在未参加课程培训前，对完成课程匹配的工作任务而言，现具有的与承担工作任务相关的知识和技能。

能力现状分析是指在进行培训授课前，培训师对明确的培训对象开展能力现状定性分析，其目的就是要准确把握参培学员现具有承担课程匹配的工作任务现有的知识和技能，能力现状分析是在工作任务分析基础上进行的。

员工的能力现状定性分析一般从员工的岗位工作经历、岗位资格（技能等级或岗评等级）、在岗工作绩效等与承担课程匹配的工作任务分析的结果进行相互对应比对来定性判断学员现有能力状况。若在岗工作无差错、具有岗位资格的，则可认为学员具备完成任务必备技能和必需知识；若岗位资格不具备，

技能类授课

则可认为学员不具备完成任务必备技能和知识；若因能力影响或行为表现欠佳等影响在岗工作绩效（工作出现差错）的，可定性为不具备完成任务必备技能和知识；岗位工作经历可定性分析其对工作任务完成的熟练度，从而可定性判断培训的侧重点。培训对象能力现状分析见表2-10。

表 2-10 培训对象能力现状分析

承担课程培训内容	典型工作任务	任务必备技能	任务必需知识	岗位经历（是否符合）	岗位资格（是否符合）	现有能力（均符合）
	任务单元 ×××					

三、培训期望分析

培训期望是指学员期望通过参加培训而获得个性化需要的一种需求，培训期望一般主要包括内容期望和培训方式期望。内容期望是指学员期望通过培训而能获取的知识或技能，这些知识或技能能满足学员不同层面的需要，比如满足学员岗位工作需要或实现自我价值的需要等；培训方式的期望是指学员期望培训师的授课方式能按学员的期望授课，"取悦"学员，吸引学员"我要学、自觉学、快乐学、合作学"。

学员的培训期望一般来源于同类培训的培训评估反馈或一线学员反馈建议，培训师也可通过提前踩点参培学员进行需求调查获取。培训师在获取到学员期望后，要根据课程目标和内容，判断其是共性或个性、是否具有合理性和可行性，属共性、合理、可行的培训期望，培训师在课程内容和授课方式准备上尽量达成学员"期望"。

必备技能

必备技能 2-2： 培训授课前对培训对象进行分析

场景描述

培训师已完成了所承担课程的典型工作任务分析后，培训组织也向培训师提供参培学员相关具体信息和学员反馈的培训需求建议，在此基础上培训师对参加培训的学员进行分析，明确学员能力现状和培训准备。

操作步骤及要领

第一步：培训学员基本信息分析，根据分析结果明确应对策略。

第二步：培训学员能力现状分析，根据分析结果明确学员具备的实际能力（知识和技能）。

第三步：培训学员期望分析，根据分析结果评估合理性和可行性，明确应对策略。

第四步：综合前面分析结果和应对策略，明确培训准备，对授课实施"再策划"，将具体分析结果填入培训对象分析要素表，见表 2-11。

表 2-11　　　　　　　　　培训对象分析要素表

分析内容	分析要素	分析结果	应对策略	培训准备
基本信息分析	性别统计		以多数为主安排教学，兼顾个性，着重考虑知识展开方式和活动设计	培训内容处理、培训方法选择、培训活动设计、培训分组安排
	年龄统计		以多数为主安排教学，兼顾个性，着重考虑授课方式和活动设计	
	学历统计		以多数为主安排教学，兼顾个性，着重考虑内容侧重和培训方式	
	专业 / 岗位匹配		以岗位为主，兼顾专业，着重考虑内容侧重	
能力现状分析	专业工作经历	具备技能 具备知识 不具备技能 不具备知识	（1）具备技能和知识与胜任力之差需培训。 （2）不具备的技能、知识更需要加强培训	
	岗位资格			
	在岗绩效			
培训期望分析	培训内容		共性纳入培训、个性个别辅导	
	培训方式		共性考虑采纳，兼顾个性	
其他				

🤲 案例分享

案例分享 2-2：《低压三相四线电能表装表接电技能培训》课程的培训对象分析

案例场景

廖某某师资团队承担此培训项目中的《低压三相四线电能表装表接电技能培训》课程授课任务，已完成了所承担培训课程核心知识和技能的分析。现开展培训对象分析，其分析结果见【二维码 2-3】。

【二维码 2-3】

案例分享 2-2：
《低压三相四线电能表装表接电技能培训》课程的培训对象分析

💬 融会贯通

训练任务 2-2：培训课程的培训对象分析

训练任务：根据背景材料完成《×××》课程的培训对象分析。

场景材料：给出某培训班具体参培学员信息汇总表（包括年龄、性别、专业、岗位等级、学历、现岗位持证情况、岗评考试成绩等信息）和培训项目策划书、培训课程核心知识点和技能点。

训练要求：小组学员根据以上场景材料，集体讨论完成培训对象分析，并将小组成果填入【二维码 2-4】表中；完成时间控制在 60min 内。

【二维码 2-4】

训练任务 2-2：
培训课程的培训对象分析

👆 要点回顾

本节着重介绍培训对象基本信息分析、能力现状分析、培训期望分析。其中基本信息分析要素包括性别、年龄、学历、专业 / 岗位等；能力现状分析要素包括岗位工作经历、岗位资格（技能等级、岗评等级等）、在岗绩效等；培训期望分析要素包括培训内容和培训方式等。

第三节　课程目标制定（定目标）

🎯 关键要点

课程目标制定是指在完成了授课任务分析和培训对象分析的基础上，采用 ABCD 法撰写出符合 SMART 原则的课程目标。本节主要包括课程目标的内涵和制定思路、编写方法、表达描述等内容，其中课程目标编写方法和表达描述为重点，目标确定思路为难点。课程目标制定关键要点如图 2-4 所示。

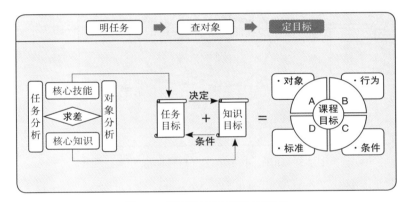

图 2-4　课程目标制定关键要点

📝 必要知识

一、课程目标的内涵

课程目标的内涵包括课程目标的含义、分类和设置要求等内容。

（一）课程目标含义

课程目标是指学员参加课程的培训后，在知识、技能、态度等方面应达到的预期状态和标准，是学员经培训后在实践中要达成任务、解决问题的具体要求。课程目标设置的合理性，直接关系到教学设计的成败，极大地影响着实际培训效果。

根据"KSA 能力模型"可将员工的能力分为知识（Knowledge）、技能（Skill）和态度（Attitude）三个维度，课程目标也可分为知识目标、技能目标、态度目标三个维度，对应的课程也分为知识类课程、技能类课程和态度类课程。知识目标和技能目标属于结果性目标，态度目标属于体验性目标。通过培训，提升能力，将实现知识到实践的行为化、技能到应用的行为化、态度到素质的行为化，也就是知识、技能、态度最终都需转化为"目标行为"，才能在实际中达成任务、解决问题。知识、技能、态度与目标行为的关系如图 2-5 所示。

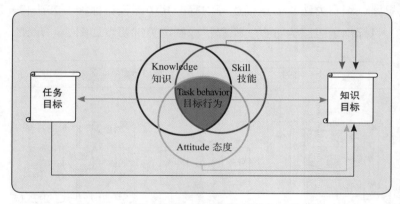

图 2-5   知识、技能、态度与目标行为的关系图

由此，将实现达成任务、解决问题的"目标行为"及标准定为课程的任务目标，任务目标是指学员经培训后在实际工作中能完成的实际工作任务行为和标准；将实现任务目标所"必需知识"定为课程的知识目标，知识目标是为了达成任务、解决问题而具备的必要知识和掌握程度。任务目标决定知识目标，知识目标是任务目标实现的基础和条件，根据任务目标确定知识目标。

任务目标实现的前提须具有与"目标行为"匹配的必备技能，而具有必备技能，须具有必需知识。因此，知识类课程、技能类课程、态度类课程的课程目标可分为知识目标和任务目标。知识类课程的任务目标一般侧重于知识的最终应用，知识目标侧重于应用前的知识记忆、理解、分析等；态度类课程的任务目标一般侧重于态度内化为价值观行为，知识目标侧重于在态度内化前对规则、观念、态度的感性认知、判断、认同等；技能类（技术应用也归为技能类）课程的任务目标侧重于技能操作、任务完成、技术应用迁移等，知识目标侧重于完成任务所必需知识的了解、理解等。

在本教材中，以实现知识目标为目的的"知识性"教学或授课称为知识类授课，以实现任务目标为目的的"行为性"教学或授课称为技能类授课，其中技能类授课又分为操作技能授课（又称实操类授课或技能实训授课）和智力技能授课（又称心智技能授课）。

（二）课程目标的设置要求

课程目标设置要紧扣培训目的，紧贴实际工作任务和工作标准，以解决实际问题和提高绩效水平为目的。确定课程目标时，定位要明确，要以学员为中心，不仅要关注学员学到了什么知识、什么技能，更加要关注学员经过培训后能否将知识、技能、态度转化为行为达成任务，解决问题，而不是主要关注培训师能教授什么，教授了什么。课程目标须适度合理，满足 SMART 原则。课程目标 SMART 原则见表 2-12。

表 2-12 课程目标 SMART 原则

SMART 原则	含义	要求
Specific（明确性）	目标行为是明确的	能用具体的语言清楚地说明要表达的目标行为
Measurable（可衡量性）	行为标准是可衡量的	标准能量化的要量化，不能量化的要质化，可以以时量、数量、质量等作为达到目标的程度
Acceptable（可接受性）	目标可被接受的	经培训后，在实际条件下，目标是可实现的
Realistic（实际性）	目标是切合实际的	在现实条件下，目标是可行的、可操作的，符合实际
Timed（时限性）	目标是有时间限制的	应明确目标完成时间，无时间限制的目标无法考核

二、课程目标制定思路

（一）课程目标制定的依据

课程目标确定以学员"达成任务，解决问题，获取期望"为导向，以能力差距为依据。在同一任务情况下，能力差距可表述为：

（1）员工达成工作任务或解决问题所必备技能和必需知识与员工现有技能和现有知识间的差距。

（2）员工达成工作任务的"期望状态"与员工"现实状态"间的知识、技能差距。

（3）员工任务胜任能力与员工实际能力间的差距。

（二）课程目标制定的流程

（1）根据承担课程的任务分析（培训任务和工作任务分析），确定与课程匹配的任务所必备的核心技能和核心知识，即任务胜任能力。

（2）根据实际参培对象的能力现状分析，确定学员现有的技能和知识，即实际能力。

（3）能力求差，将任务胜任能力减去学员实际能力，得到达成任务的核心技能之差和核心知识之差。

（4）将能力之差转化为课程目标，核心技能之差可转化为对应课程的任务目标，依据任务目标将核心知识之差转化为对应课程的知识目标，并用专业、准确、定量、陈述的语言准确描述目标。

三、课程目标编写方法

课程目标编写方法包括方法介绍、编写步骤等内容。

（一）方法介绍

课程目标编写一般采用 ABCD 法，即用课程目标呈现四要素来说明课程目标，完整的课程目标呈现要素应包括行为培训对象（对象 Audience）、目标行为（行为 Behavior）、行为条件（条件 Condition）、行为标准（标准 Degree）四个要素。ABCD 法含义及要求见表 2-13。

四个要素并不一定要全部包括，但目标行为（Behavior）、行为标准（Degree）必需具备。简化描述时一般省略行为主体和行为条件，但前提是不能引起歧义。

表 2-13 　　　　　　　　　　　ABCD 法含义及要求

ABCD 法要素	含义	要求
对象 Audience	行为主体即培训对象	行为主体要明确，以学员为中心，要开展对象分析
行为 Behavior	目标行为即培训对象经培训后在实际任务中表现出来的预期行为	预期行为能在实际工作任务中实现，行为是明确的可验证的，用行为动词描述
条件 Condition	行为条件即培训对象经培训后完成任务行为表现所需要的重要条件	条件应符合实际工作任务或实际绩效需要，一般列出最重要、最关键条件，缺少条件对任务行为不会引起歧义
标准 Degree	行为标准即行为合格的最低标准	实际任务行为完成的质量评价标准要可衡量

（二）编写步骤

在已完成了承担课程的任务分析（培训任务和工作任务分析）和培训对象分析（基本信息、能力现状和培训期望分析）后，运用 ABCD 法编写课程目标，编写步骤如下：

第一步，明确课程内容类型（知识类 / 态度类 / 技能类）及定位。

第二步，确定行为。与核心技能对应的任务行为确定为"任务目标行为"，根据任务目标确定知识目标行为，用行为动词描述目标。

第三步，明确标准。从任务分析中确认任务目标行为标准，与核心技能标准对应。目标标准能量化的要量化，不能量化的要质化，可以以时量、数量、质量等作为达到目标的程度标准，为后续判断是否达到目标提供判断依据。

第四步，确定条件。确定目标行为发生时所具备的关键条件，包括环境、时间、空间、信息、设备等。

第五步，用专业、准确、定量、陈述的语言准确描述目标，用 SMART 原则检验目标是否适度合理。

四、课程目标表达描述

课程目标表达描述包括目标描述动词、目标描述句式等内容。

（一）课程目标描述动词

课程目标行为应采用具有明确性、可衡量性的行为动词来描述。目标行为动词见表 2-14。

表 2-14　　　　　　　　　　目标行为动词表

目标组成	目标程度		行为动词		
	水平	含义	知识类课程	技能类课程	态度类课程
知识目标	了解	"了解"就是一般性知道"对象是什么"	说出、记住、复述、描述、辨认、识别、确认、列举、列出…		
	熟悉	"熟悉"就是在了解基础上，还能清楚地知道"对象的要点"	说明、概述、概括、归类、分类、判断、确认、提供、收集…		
	理解	"理解"就是在"熟悉"的基础上，还能知道"对象的由来及与其关联的内在联系"	解释、阐明、比较、区分、归纳、推断、分析、预测、估计、整理、综合、总结、讨论…		
任务目标	掌握	"掌握"就是在"理解"的基础上，实践模仿，解决简单问题	完成、辨析、质疑、评价、解决、检验、计划、模拟、模仿、尝试、编写…	完成、模仿、模拟、临摹、练习、调整、解决、检查、查看、观测、巡查、测量、安装、绘制…	感受、尝试、体验、寻找、交流、分享、感触…
	应用	"应用"就是在"掌握"基础上，完成独立应用实践，研究并解决综合问题	解决、应用、使用、研究、撰写、证明、例证、拟定、制定、分享、评估、制作、设计…	解决、处理、测试、调试、检测、分析、设计、改造…	遵守、认同、接受、欣赏、关注、重视、抛弃、抵制、拥护…
	迁移	"迁移"就是在"应用"的基础上，在新的环境中灵活实践应用，并形成新的知识和技能	类推、运用、提炼、改进、改造、转换、升华、推广…	运用、改进、改造、转化、转换、推广、开发…	形成、感悟、内化、养成、树立、确立、坚持…

（二）课程目标描述句式

按照 SMART 原则，采用 ABCD 法，撰写课程目标，要求采用专业、准确、定量、陈述的语言表达，目标表达中最关键的 B 和 D 是课程的重点，两者必须具备。一般有如下表达描述句式：

ACBD 描述句式：A（什么人）—C（在什么条件下）—B（做了什么事）—D（做得怎么样）。

CABD 描述句式：C（在什么条件下）—A（什么人）—D（按照什么标准）—B（做了什么事）。

ACDB 描述句式：A（什么人）—C（在什么条件下）—D（按照什么标

准）—B（做了什么事）。

（注意：同一目标多种表达，分清条件 C 和标准 D）

🔍 必备技能

必备技能 2-3：承担课程的课程目标制定

场景描述

培训师在完成承担课程的任务分析和培训对象分析工作后，运用前面分析结果进行课程任务目标和知识目标的制定。

操作步骤及要领

第一步：能力求差。

（1）获取期望的"任务胜任能力"，即与课程对应的核心技能和核心知识。

（2）获取"学员实际能力"，即学员完成课程匹配的任务所对应的现有技能和知识。

（3）获取需培训的核心技能和核心知识，即用期望的"任务胜任能力"与学员的"实际能力"求差获取课程培训的核心技能和核心知识，完成表 2-15。

表 2-15　　　　　　　　　　课程目标制定过程表

承担课程的任务分析				培训对象分析		核心能力差距		课程目标	
承担课程培训内容	典型工作任务	课程核心技能	课程核心知识	现有技能	现有知识	培训核心技能	培训核心知识	任务目标	知识目标
	任务单元 1.1							A 对象： B 行为： C 条件： D 标准： 目标描述：	A 对象： B 行为： C 条件： D 标准 目标描述：
	任务单元 1.2							A 对象： B 行为： C 条件： D 标准： 目标描述：	A 对象： B 行为： C 条件： D 标准 目标描述：
	任务单元 1.3							A 对象： B 行为： C 条件： D 标准： 目标描述：	A 对象： B 行为： C 条件： D 标准 目标描述：

第二步：将能力之差转化为课程目标。

（1）根据课程类别，将核心技能之差转化为对应课程的任务目标，由任务目标确定知识目标（将任务目标对应核心知识之差列入知识目标）。

（2）运用 ABCD 法分别确定任务目标和知识目标各要素（参培对象、目标行为、行为标准、行为条件），重点确定 B 和 D。其中 B 根据培训目的要求达到的程度和课程内容类别选取合适的行为动词。将各要素填入表 2-15。

（3）目标描述。采用关键句式，用专业、准确、定量、陈述的语言表达描述。将目标填入表 2-15。

（4）目标检验。用 SMART 原则检验目标的正确性和合理性。

✍ 案例分享

案例分享 2-3：《低压三相四线电能表装表接电技能培训》课程目标制定

案例场景

廖某某培训师已完成了所承担《低压三相四线电能表装表接电技能培训》课程任务分析和培训对象分析，制定了《低压三相四线电能表装表接电技能培训》课程目标（见表 2-16），其目标制定过程见【二维码 2-5】。

【二维码 2-5】

案例分享 2-3：《低压三相四线电能表装表接电技能培训》课程目标制定

表 2-16　　　《低压三相四线电能表装表接电技能培训》课程目标

任务单元	任务目标	知识目标
装表前检查	中级工在规定时间内按照相关标准独立完成三相四线电能表装表前电表检查工作	中级工按照相关标准正确描述三相四线电能表的构造、按键功能、原理图、编码
现场装接电	中级工在规定时间内按照相关标准独立完成三相四线电能表接线图识别、接线检查、带电接火	中级工按照相关标准正确解释三相四线电能表接线原理和接线图、低压带电接火操作规范
装表后整理	中级工在规定时间内按照相关标准独立完成检测三相四线电能表的三相电压、电流、通信信号	中级工按照相关标准说明检测三相四线电能表三相电压、三相电流和查看通信信号的方法

💬 融会贯通

训练任务 2-3：承担课程的课程目标制定

训练任务：根据背景材料完成《B××》课程的课程目标制定。

场景材料：给出各小组承担课程的任务分析和培训对象分析结果。

训练要求：小组学员根据以上场景材料，集体讨论完成核心能力差距分析，用 ABCD 法撰写小组课程任务目标和知识目标，并将小组成果填入【二维码 2-6】表中；完成时间控制在 30min 内。

【二维码 2-6】

训练任务 2-3：
承担课程的课程目标制定

☝ 要点回顾

本节重点介绍了课程目标制定的思路、方法和描述。其中课程目标的制定思路是以学员"达成任务，解决问题，获取期望"为导向，以能力差距为依据，通过任务分析和学员分析获取课程核心技能和知识技能，采用 ABCD 法编写课程目标；ABCD 法四要素分别是：培训对象（A）、目标行为（B）、行为条件（C）、行为标准（D），其中 BD 必需具备；课程目标描述要用专业、准确、定量、陈述的语言表达，其中行为动词根据课程内容类别和目标程度选用具有明确性、可衡量性的行为动词，常见关键句式：ACDB 或 ACBD 或 CADB。

⚙ 实践案例

实践案例 2-1：《测量变压器铁芯及夹件泄漏电流实操技能培训》课程目标确定

案例场景

韩某某师资团队承担了某单位《变压器铁芯及夹件泄漏电流测量项目》的培训授课任务，此培训项目中《测量变压器铁芯及夹件泄漏电流技能培训》授课时长为 18 学时，项目理论知识授课时长为 6 学时；学员对象为某单位变电运行新员工，其中男 25 人，女 5 人，分 2 组；培训场地为某培训基地变电实训场。韩某某培训师开展授课任务分析和学员分析后，完成了《测量变压器铁芯及夹件泄漏电流技能培训》课程目标确定（见表 2-17），具体确定过程见【二维码 2-7】。

【二维码 2-7】

实践案例 2-1：
《测量变压器铁芯
及夹件泄漏电流实
操技能培训》课程
目标确定

表 2-17　　　　《测量变压器铁芯及夹件泄漏电流技能培训》课程目标

任务单元	任务目标	知识目标
测量前检查	变电运行新员工在规定的时间内按照相关标准完成钳形电流表测量变压器铁芯及夹件泄漏电流测量前的绝缘手套、表单、钳形电流表的检查工作	变电运行新员工说出绝缘手套的性能及使用常识、表单内容、钳形电流表的构造、按键功能、原理等知识
现场中测定	变电运行新员工在规定的时间内正确使用钳形电流表按照相关标准完成变压器铁芯及夹件泄漏电流的现场测定工作	变电运行新员工阐述主变压器的运行状态、铁芯、夹件接地引出线状态和策略的相关要求
测量后整理	变电运行新员工在规定的时间内按照相关标准完成钳形电流表测量变压器铁芯及夹件泄漏电流测量后的整理工作	变电运行新员工说出变压器铁芯及夹件泄漏电流的测量后整理内容

实践案例 2-2：《钳表法测量架空线路杆塔接地电阻技能培训》课程目标确定

案例场景

李某某师资团队承担了某单位《钳表法测量架空线路杆塔接地电阻培训项目》的授课任务，此培训项目中《钳表法测量架空线路杆塔接地电阻技能培训》授课时长为 18 学时，项目理论知识授课时长为 6 学时；学员对象为某单位架空线路新员工，其中男 20 人，分 2 组；培训场地为某培训基地输电线路实训场。李某某培训师开展授课任务分析和学员分析后，完成了《钳表法测量架空线路杆塔接地电阻技能培训》课程目标确定（见表 2-18），具体确定过程见【二维码 2-8】。

【二维码 2-8】

实践案例 2-2：
《钳表法测量架空
线路杆塔接地电阻
技能培训》课程目
标确定

表 2-18　　　《钳表法测量架空线路杆塔接地电阻技能培训》课程目标

任务单元	任务目标	知识目标
做准备	架空线路新员工，在规定的时间内，按照相关技能，正确完成绝缘手套检查、钳型接地电阻表（简称钳表）检查和核实杆塔接地	架空线路新员工正确说出绝缘手套检查、钳表检查和核实杆塔接地的内容及注意事项
测电阻	架空线路新员工，在规定的时间内，按照相关标准，完成架空线路杆塔接地极的检查、拆除及测量判断	架空线路新员工按照相关标准，正确阐明架空线路杆塔接地极的检查、拆除及测量判断注意事项
复现场	架空线路新员工，在规定的时间内，按照相关标准，正确完成架空线路杆塔接地恢复及现场清理工作	架空线路新员工正确说出架空线路杆塔接地恢复及现场清理工作的注意事项

实践案例 2-3：《10kV 架空线路柱上开关的停电操作（运行转冷备用）技能培训》课程目标确定

案例场景

郑某某师资团队承担了某单位《10kV 架空线路柱上开关的停电操作（运行转冷备用）培训项目》的授课任务，此培训项目中《10kV 架空线路柱上开关的停电操作（运行转冷备用）技能培训》授课时长为 18 学时，项目理论知识授课时长为 6 学时；学员对象为某单位配电新员工，其中男 20 人，分 2 组；培训场地为某培训基地配电实训场。郑某某培训师开展授课任务分析和学员分析后，完成了《10kV 架空线路柱上开关的停电操作（运行转冷备用）技能培训》课程目标确定（见表2-19），具体确定过程见【二维码 2-9】。

【二维码 2-9】

实践案例 2-3：《10kV 架空线路柱上开关的停电操作（运行转冷备用）技能培训》课程目标确定

表 2-19　《10kV 架空线路柱上开关的停电操作（运行转冷备用）技能培训》课程目标

任务单元	任务目标	知识目标
工作准备	新员工按相关规定完成检查（位置、工器具），装设遮栏并接受调令	新员工按相关规定概述工器具的检查与使用、装设遮栏、接受调令的常识
停电操作	新员工按照相关规定完成 10kV 柱上开关的停电操作	新员工按照相关规定描述开关操作部分知识和操作步骤及注意事项
工作终结	新员工按照相关规定完成清理现场、复调度令	新员工按照相关规定概述工器具保管、受令知识

▶ **本章小结**

　　本章重点介绍了授课任务分析、学员对象分析、课程目标制定三部分内容。其中，授课任务分析主要是培训师从培训任务或培训策划书中分析所承担课程的培训要素和培训内容对应的工作任务，明确培训准备和课程核心技能、核心知识；学员对象分析主要是让培训师明确学员能力现状和相关培训准备；课程目标由任务目标和知识目标构成，课程目标的确定以任务胜任能力与实际能力间的差距为依据，差距由任务分析和学员分析定性分析得到；课程目标编写采用 ABCD 法，重点确定 B 和 D；课程目标是否合适合理，采用 SMART原则检验其正确性。

▶ 培训目标

任务目标：

（1）在设定的工作任务场景中，以课程任务目标为导向，正确运用"五问法"挖掘知识类和技能类授课主题。

（2）以任务目标为导向，正确梳理技能操作步骤，明确操作标准。

（3）以任务目标为导向，以学员为中心，正确编制技能类授课课程大纲。

知识目标：

（1）能正确描述"五问法"的含义、使用步骤及要领和知识类主题与技能类主题切分的要求。

（2）能正确说明任务单元划分的原则、同级步骤的特点、步骤重组和命名的要求。

（3）能正确解读大纲要素的含义和描述大纲的逻辑结构。

▶ 内容导图

授课内容是整个教学的纲领，以任务为导向，以学员为中心，根据课程目标确定授课内容是整个教学的关键，授课内容在教学中起把关的作用。本章主要包括授课主题确定、作业步骤梳理、授课大纲编制三部分内容。授课内容确定内容导图如图 3-1 所示。

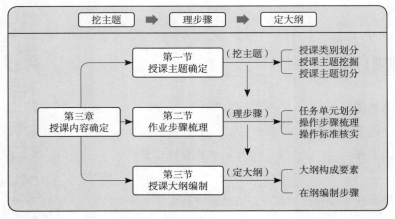

图 3-1 授课内容确定内容导图

第一节 授课主题确定（挖主题）

◎ 关键要点

　　培训师在明确了课程目标后，应根据课程目标确定课程主题，根据知识目标确定知识类授课主题内容，根据任务目标确定技能类授课主题。对技能类培训，一般应先进行知识培训，随后再进行实操培训，因此，在实操培训前首先需要将课程主题切分知识主题和技能主题。主题挖掘提炼是本节的重点，主题的切分是本节的难点。授课主题确定关键要点如图 3-2 所示。

◎ 必要知识

一、授课类别划分

　　"KSA 能力模型"将员工的能力分为知识（Knowledge）、技能（Skill）和态度（Attitude）三个维度，对应的培训课程也分为知识类课程、技能类课程和态度类课程。培训师在接到培训任务时，对培训任务进行分析，首先要根据

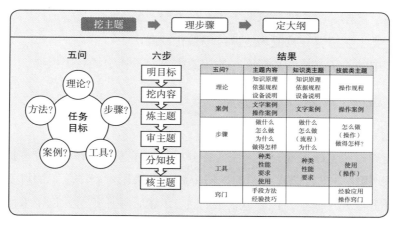

图 3-2　授课主题确定关键要点

培训目的或目标首先要明确培训课程是属于知识、技能或态度类中的哪类培训，根据各类课程特点开展培训。

技能类课程可分为实操训练类和知识加实操类，通常说的技能类课程是指知识加实操类，往往在实操训练前，需要先对学员进行必要知识培训。这类课程以"知识够用，技能必备，知识服务技能"为原则开展知识和实操培训。

根据课程类别的不同特点和课程主题类别（知识或实操），将授课形式划分为知识类授课和技能类授课（或实操类授课）两种类别。在培训内容准备阶段应理清培训内容中哪些属于知识主题、哪些属于技能实操主题，知识主题按知识类授课要求进行教学设计和授课；技能实操主题按技能类授课要求进行教学设计和授课。知识类授课和技能类授课的划分可参考以下原则：

（1）知识类授课是指对为实现任务技能目标行为或技能操作的必要知识，而围绕知识目标开展的必要知识培训授课，授课主题主要包括知识原理、规程标准、设备结构、作用性能、事故案例、流程说明、系统介绍等，授课方式主要采用讲授 – 传递策略来实现，培训的目的是让学员在技能操作前知道"是什么、做什么、为什么、做的流程及标准"等必要知识。只有知识目标的课程授课直接归属于知识类授课。知识类主题适合在课室内进行授课。

（2）技能类授课是指为实现任务目标而开展的必备技能操作培训，授课主题主要包括操作步骤、操作要点、操作要领、操作风险及管控等，授课方式主要采用行为动作示范和训练，重点是逐步逐点完成操作要领演练，让学员观摩、模仿、操作等，培训的目的是让学员掌握"怎么做、做得怎样"等必备技能。技能类主题适合在技能场地进行场景化授课。

本文中的关于"技能类授课"的相关内容着重指实操技能授课。

二、授课主题挖掘方法和步骤

（一）主题挖掘提炼方法

技能类授课主题挖掘一般采用任务分析"剥洋葱"法和知识挖掘提炼技术"五问法"相结合进行课程主题的挖掘提炼。先采用"剥洋葱"法将复杂任务分解成任务单元（或单一任务或任务行为），然后对任务单元逐个采用"五问法"进行知识挖掘提炼。根据授课需要，两者交替循环使用。任务分析"剥洋葱"法见第二章第一节，此处重点介绍知识挖掘提炼技术"五问法"。

知识挖掘提炼技术"五问法"是一种将组织隐性知识（工作经验、组织智慧和最佳实践等）挖掘提炼成具有概括性、系统性、复制性、传承性的显性知识的一种知识萃取方法。"五问法"内容见表3-1。

表3-1　　　　　　　　　　　　　"五问法"内容

序号	五问要素	含义	来源
1	是否有理论？	理论是指用来佐证知识和技能（任务行为）的正确性依据，包括原理、结构、标准、说明等，其内容具有正确性、权威性、指导性、应用性，授课时可以直接引用	理论一般来源于教科书、公开出版物（原理）、产品说明书（原理图及使用说明）、规程规范（制度、标准、作业指导书）等
2	是否有步骤？（流程）	步骤是指完成任务的流程步骤。按实际工作任务流程梳理操作步骤，一般是按时间或空间逻辑梳理任务流程步骤，对步骤从大到小进行分解	一般来源于作业指导书、使用说明书或任务分析"剥洋葱"法进行经验梳理
3	是否有工具？	工具是指完成任务时必需的除主体设备设施、器材耗材等外的广义工具	包括作业工器具、作业资料（图纸、表单、记录表格、评分标准等）等
4	是否有案例？	案例是指与任务密切关联的实际案例，引用案例的目的是印证知识技能的正确性，有利于学习对知识的理解、技能的掌握、态度的感悟等	案例分正案例和反案例。正案例一般来源于任务方案、工作总结等，反案例一般来自于事故通报、事故整改方案等
5	是否有窍门？	方法是指为获得某种东西或达到某种目的而采取的经实践检验可行有效的手段、途径、方式、技巧等	一般来源于实践经验总结，明确方法、窍门使用场景和前提条件，应保证其正确、有效

（二）"五问法"挖掘提炼步骤

第一步，明确任务目标行为。明确任务目标包括的任务行为，并细分任务目标行为。

第二步，一次挖掘。对单个任务目标行为，逐一采用"五问法"挖掘内容，将挖掘出的内容填入表 3-2。

表 3-2　　　　　　　　　　授课主题挖掘提炼"五问六审"表

任务 目标行为	五问	挖掘内容 （参考要素）	提炼 主题	"六问法" 审核结果
	理论？	知识原理 标准规程 设备系统 作用性能		
	步骤？	做什么（操作步骤、操作点） 怎么做（操作要领、风险控制） 为什么（操作注意、风险分析） 做得怎样（检验标准、操作工艺）		
	工具？	工具清单 工具性能 工具作用 管理使用		
	案例？	知识案例 操作案例 正面案例 反面案例		
	窍门？	方法手段 经验窍门 操作技巧		

第三步，二次挖掘。重点对已挖掘出的"步骤"逐步进行"五问法"挖掘，将"大步骤"细分到相对独立的任务行为（操作点），并将二次挖掘出的"理论""工具""方法""案例"等与第一次挖掘出的相应内容归类合并，将挖掘出的内容填入表 3-2。

第四步，整理提炼主题。按挖掘出的内容归类整理，提炼形成"理论""步骤""工具""案例""窍门"各类主题，将主题内容填入表 3-2。

第五步，验证审核。以课程目标为验证审核依据，筛选与课程知识目标和任务目标相匹配的主题，不匹配的内容去掉（与课程目标不匹配但又需要的内容在授课时引用为授课导入"回顾旧识"）。对筛选出的主题采用"六问法"

按步验证审核：

（1）正确性？所挖掘的内容是否正确。

（2）针对性？所挖掘的内容是否针对课程目标。

（3）概括性？所挖掘的内容是否简洁概括，形成知识点。

（4）重要性？所挖掘的内容是否是课程目标下的主要知识点。

（5）复制性？所挖掘内容是否具有普适性，可复制应用，不能只适用于特殊情况和环境。

（6）深挖必要性？按"知识够用、技能必备，知识服务技能"的原则判断内容是否需要进一步挖掘。

"六问法"中前五问中任一问答案是否定的，淘汰此主题；"六问法"中仅有第六问答案是否定的，"五问法"挖掘停止。

第六步，明确主题。通过"六问法"审核的主题即为授课主题，将审核结果填入表3-2。

三、授课主题切分

在技能实操授课前先完成必要知识的培训，课程主题切分是指将"五问法"提炼出的主题按知识类和技能类进行分类，将能主要通过讲授传递就能达成知识目标的主题归类为知识类主题，将主要通过场景展示、操作示范和操作练习等行为训练才能达成任务目标的主题归类为技能类主题。知识类主题按知识类授课要求进行，技能类主题按技能类授课要求进行。"五问法"挖掘提炼的主题内容切分见表3-3。

表 3-3 "五问法"挖掘提炼的主题内容切分

五问法	"六问"审核结果	知识类主题	技能类主题
理论?	知识原理 标准规程 设备系统 作用性能	知识原理 标准规程 设备系统 作用性能	
步骤?	做什么（操作步骤、操作点） 怎么做（操作要领、风险控制） 为什么（操作注意、风险分析） 做得怎样（检验标准、操作工艺）	做什么（流程步骤） 为什么（操作注意、风险分析） 做得怎样（检验标准、操作工艺）	做什么（操作步骤、操作点） 怎么做（操作要领、风险控制/预控） 做得怎样（标准/成果展示）

续表

五问法	"六问"审核结果	知识类主题	技能类主题
工具？	工具清单 工具性能 工具作用 管理使用	工具清单 工具性能 工具作用 管理要求	工具检查 工具使用
案例？	知识案例（正面案例、反面案例） 操作案例（正面案例、反面案例）	知识案例（正面案例、反面案例）	操作案例（示对案例、示错案例）
窍门？	方法手段 经验窍门 操作技巧	方法手段 经验窍门	操作技巧 经验应用

必备技能

必备技能 3-1：对技能类课程采用"五问法"挖掘提炼授课主题

场景描述

在明确课程类别和课程目标确定后，根据课程目标采用"五问法"进行技能类课程授课主题挖掘提炼。

操作步骤及要领

第一步：明目标。明确课程类别和课程目标，特别是明确任务目标行为。

第二步：挖内容。以任务目标行为为依据，采用"五问法"挖掘可授课内容。

第三步：炼主题。对挖掘的可授课内容进行提炼，形成授课主题。

第四步：审主题。以任务目标和培训对象为依据，采用"六问法"审核主题。

第五步：分知技。将挖掘提炼并经审核过的主题分别按知识类和技能类授课主题进行切分。

第六步：核主题。以课程目标为依据，以"知识够用，技能必备，知识服务技能"为原则，核实调整归并最终授课的知识类主题和技能类主题，按表 3-4 提示填写挖掘提炼结果。

技能类授课

表 3-4　　　　　　　　　　　授课主题挖掘提炼表

任务目标行为	五问	挖掘内容（参考要素）	提炼主题	"六问"审核结果	知识类主题	技能类主题
	理论？	知识原理、标准规程、设备系统、作用性能			知识原理、标准规程、设备系统、作用性能	
	步骤？	做什么（操作步骤、操作点）、怎么做（操作要领、风险控制）、为什么（操作注意、风险分析）、做得怎样（检验标准、操作工艺）			做什么（流程步骤）、为什么（操作注意、风险分析）、做得怎样（检验标准、操作工艺）	做什么（操作步骤、操作点）、怎么做（操作要领、风险防控）、做得怎样（标准/成果展示）
	工具？	工具清单、工具性能、工具作用、管理使用			工具清单、工具性能、工具作用、管理使用	工具检查、工具使用
	案例？	知识案例、操作案例、正面案例、反面案例			知识案例（正面案例、反面案例）	操作案例（示错案例）
	窍门？	方法手段、经验窍门、操作技巧			方法手段、经验窍门	操作技巧、经验应用
⋮	⋮	⋮	⋮	⋮	⋮	⋮

案例分享

案例分享 3-1：《低压三相四线电能表装表接电技能培训》项目授课主题挖掘提炼（知识和技能）

案例场景

廖某某培训师已完成《低压三相四线电能表装表接电技能培训》课程目标确定（见表 3-5），根据课程目标和培训学员对象进行课程主题挖掘提炼，其《低压三相四线电能表装表接电技能培训》课程主题挖掘提炼过程见【二维码 3-1】表。

【二维码 3-1】

案例分享 3-1：《低压三相四线电能表装表接电技能培训》项目授课主题挖掘提炼（知识和技能）

表 3–5 　　　　　《低压三相四线电能表装表接电技能培训》课程目标

任务单元	任务目标	知识目标
装表前检查	中级工在规定时间内按照相关标准独立完成三相四线电能表装表前电能表检查工作	中级工按照相关标准正确描述三相四线电能表的构造、按键功能、原理图、编码
现场装接电	中级工在规定时间内按照相关标准独立完成三相四线电能表接线图识别、接线检查、带电接火	中级工按照相关标准正确解释三相四线电能表接线原理和接线图、低压带电接火操作规范
装表后整理	中级工在规定时间内按照相关标准独立完成检测三相四线电能表的三相电压、电流、通信信号	中级工按照相关标准说明检测三相四线电能表三相电压、三相电流和查看通信信号的方法

💬 **融会贯通**

训练任务 3-1：承担课程的授课主题挖掘提炼

训练任务：根据背景材料完成《×××》技能项目授课主题挖掘提炼。

场景材料：给出《×××》课程目标（至少给出任务目标）、参培学员对象、培训场景及培训方式等信息。

训练要求：小组学员根据以上场景材料，集体讨论完成课程主题挖掘提炼，并将小组成果填入【二维码3-2】表中；完成时间控制在 30min 内。

【二维码 3-2】

训练任务 3-1：
承担课程的授课主题挖掘提炼

👆 **要点回顾**

本节主要介绍了授课类别划分、授课主题挖掘方法与步骤、授课知识类主题和技能类主题切分三方面内容。其中授课主题挖掘采用"五问法"，分别从"理论""步骤""工具""案例""窍门"等方面进行主题挖掘提炼，形成授课主题；授课主题切分主要以知识目标和任务目标为依据，主要通过场景展示、操作示范和操作练习等行为训练才能达成任务目标的主题归类为技能类课题，其余划分为知识类课题。

第二节　作业步骤梳理（理步骤）

🎯 关键要点

　　培训师在确定了技能类授课主题后，以"步骤"为内容主线，将"工具、案例、方法"融入"步骤"，将技能实操项目按"大步骤"划分为若干任务单元，再对任务单元"步骤"进行分解重组梳理，明确任务单元关键操作步骤、关键操作点、关键操作行为和操作标准。其中操作步骤梳理为本节重点，操作标准核实为难点。作业步骤梳理关键要点如图 3-3 所示。

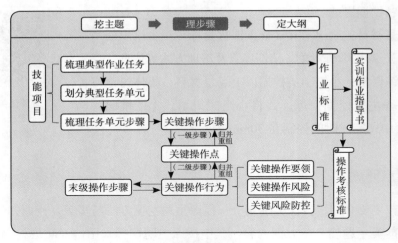

图 3-3　作业步骤梳理关键要点

✍ 必要知识

一、技能项目作业任务单元划分

　　任务单元是指将实操项目进行任务分解成相对独立的单个作业任务项，每个任务单元可单独进行训练、可分时段进行训练。

　　一个完整的实操项目通常由多项任务单元构成，其操作程序较复杂，完整训练耗时较长，技能训练难度大，学员很难一次性掌握整个项目，因此往往需要将实操项目进行作业任务分解，将实操项目分解为多个相对独立任务单元，逐一开展训练，前序任务不达标，不得进行后序任务训练；对一个任务单元再分解成相对独立的多个步骤，再逐步开展训练，前序步骤不达标，不得进行后序步骤，应退回到起点重新进行分单元分步骤训练。

同一实操项目分解出的单个任务单元应具有任务行为、任务内容、任务目标的相对独立性特点，各个任务单元间又有一定的逻辑关联性。对实操项目进行任务单元划分一般以下逻辑原则划分：

（1）时间逻辑。按照操作时间先后顺序来组织操作任务的，可按时间轴原则进行任务分解，如倒闸操作、事故处理等。

（2）空间逻辑。按概念化的空间位序如自上而下、由内到外、从左到右等来组织操作任务的，可按空间型原则进行任务分解，如设备巡视、工器具及个人防护用品检查等。

（3）路线逻辑。以地理位置的变换为主线，按照作业地点的迁移来组织实操任务的，可按地点路线原则进行任务分解，如线路巡视、变电站巡视等。

以上划分逻辑往往会组合运用。

二、任务单元操作步骤梳理

（一）同级操作步骤的特点

按照一定逻辑将实操项目划分为任务单元后，再对每个任务单元进行操作步骤的梳理，步骤梳理可依从时间逻辑、空间逻辑、路线逻辑等逻辑进行步骤划分。划分出的步骤具有以下特点：

（1）同层级步骤具有单一逻辑性。一般按一种逻辑主线划分出同一层级的步骤，不同层级的步骤可以采用不同的逻辑主线。比如，一级步骤按时间轴划分，其中每一步可再按不同逻辑划分二级步骤，以此类推。

（2）同一层级步骤操作行为具有相对独立性。每一步具有典型的操作行为，各步操作行为间相对独立，每一步可以单独反复训练。

（3）同一层级步骤具有先后顺序性。在同一逻辑框架内，前序步骤和后序步骤原则上不可颠倒或同步进行，须按逻辑顺序逐步依次完成，前序未完成或步骤不达标，不得进行后序步骤，否则产生风险点，出现安全隐患或事故。

技能类授课

（二）操作步骤分解重组

操作步骤梳理和划分一般有以下两种思路。一是按一定逻辑采用"总—分"方式，即按先大步骤（一级步骤）、再逐步细分成小步骤（次级步骤或操作点），直到相对独立的操作行为出现（具体详见"剥洋葱"和"五问法"）；二是按时间逻辑采用"分—总"方式，即将每一个动作行为按作业时间先后顺序描述出来，再进行归类重组成大步骤。

技能教练"肌肉记忆"能力强，擅长从细节入手，从具体细节操作行为进行过程描述，但逻辑处理能力相对较弱、归并重组的能力欠缺，导致梳理出来的"步骤"只有本人能"记住"，这需要技能培训师归并重组提炼步骤，以便于学员记忆、分步训练。"分—总"方式梳理划分步骤的流程如下：

（1）场景模拟，回忆操作。模拟实际作业场境，尽量按实际作业工序从作业开始到作业终结全程列举出每一个操作行为，越细越好，并采用动宾词语"动词＋名称"记录。

（2）自我询问，修正操作。对每一个操作行为进行自我询问，核实三个问题：前序操作是否有遗漏？（是，请补充）；与后序是否没衔接（是，请补充）；前后是否要按序操作（是，请按序）。

（3）工序梳理，归并步骤。按逻辑单一性（空间、路线等）和操作相对独立性特点，将同一逻辑的多个操作行为（三级步骤）归并重组为一个独立的操作点（二级步骤），然后再以此类推，将多个操作点归并重组为更加独立的步骤（一级步骤）。

（4）现场验证，完善步骤。步骤梳理归并重组后，须到实训现场进行操作验证，验证步骤的逻辑性、正确性、规范性、操作性、易记性，根据验证情况逐一完善步骤，提炼出关键操作步骤、关键操作点、关键操作行为三级操作逻辑架构。

（三）标题提炼命名

归并重组后的步骤标题要能反应操作内容、体现操作逻辑，便于好记易懂。一般提炼后的标题应满足以下几点要求：

（1）简洁准确。标题尽量词语化、概括提炼、体现行为、表达准确，常用动宾式（动词＋名词）或者主谓式（名词＋动词）描述。比如"验电器使用前检查"的一级步骤可描述成"查标签、看外观、验性能"三步。

（2）逻辑关联。同级标题间逻辑要一致，上下级间内容要包含。上下级标题间内容具有强相关性和逻辑性，上级标题内容须包含下级标题内容，上下级标题不能同名。比如"验电器使用前检查"的一级标题"看外观"与二级标题"测响声、测亮光"之间就不满足包含性要求，属于归并步骤错误。

（3）描述统一。同级标题描述风格统一，句式和字数尽量统一。比如"验电器使用前检查"的一级标题"查标签、看外观、验性能"描述成"检查标签、看外观、性能检验"，这就不符合描述统一的要求了。

（4）记忆联想。标题文字要具有思维和记忆联想性，也就是看见或者想起某一级标题文字就能联想到标题内涵或此标题下二级标题的大概内容，也就是"见字思迁""望文生义"，这样便于记忆和理解步骤和内容。比如把步骤概括成作业前、作业中和作业后，这种形式就很难具备联想性，很难联想出二级标题的内容。

三、操作标准核实

在梳理了各个任务单元的关键操作步骤、关键操作点、关键操作行为后，根据作业依从性的要求，培训师应明确作业任务所遵循的作业依据来源（作业规程、规范、标准或作业指导书等），对于岗评项目还应着重研读梳理岗评标准。根据这些标准，结合实际作业现场和实际作业要求，梳理提炼出关键操作行为对应的关键操作要领、关键操作风险点、关键风险防控措施，同时编制出该任务单元的操作标准或考核标准，供实训时指导教练规范训练、指导学员规范练习，也是检验实训效果的依据等，这个过程可视为行为标准化。

若在实训前已有操作标准或考核标准，培训师应结合实训现场和实际作业，核实并修正操作标准或考核标准，确保标准合适正确，然后依据标准梳理关键操作行为对应的关键操作要领、关键操作风险点、关键风险防控措施，并在实训现场进行验证，这个过程可视为标准行为化。

✿ 必备技能

必备技能 3-2：技能实操项目操作步骤梳理

场景描述

在明确实操项目技能类主题后，根据实操现场作业要求对实操项目进行任务单元划分，采用"分—总"方式对任务单元进行操作步骤梳理，明确关键操作步骤、关键操作点、关键操作要领、关键操作风险点、关键风险防控措施。

操作步骤梳理步骤及要领

第一步：任务单元划分（大步骤）。将实操项目细分为任务单元划分，按时间、空间或路线等逻辑将实操项目划分为可单独进行训练、可分时段进行训练的任务单元。

第二步：步骤分解重组。对任务单元进行步骤分级梳理。梳理出的同级步骤具有单一逻辑性、相对独立性、先后顺序性，形成关键操作步骤（一级步骤）、关键操作点（二级步骤）、关键操作行为（三级步骤）逻辑架构（具体分解重组要领见本节二、（二）操作步骤分解重组）。

第三步：步骤标题命名。标题命名符合简洁准确、逻辑包含、描述统一的要求（具体要求见本节二、（三）标提提炼命名）。

第四步：步骤现场验证。将梳理出的步骤现场验证各级步骤的逻辑性、正确性、规范性、操作性、易记性，对不符合实际作业规范要求的进行修正。

第五步：操作标准落实。查证核实操作标准，明确操作点或操作行为对应的关键操作要领、关键操作风险点、关键风险防控措施。

将上述步骤梳理过程关键信息填入表 3-6。

表 3-6　　　　　　　　任务单元操作步骤梳理表

实操项目	任务目标行为	技能类主题	任务单元	关键操作步骤（一级标题）	关键操作点（二级标题）	关键操作行为（关键操作要领）	关键风险点	关键风险防控措施
××实操项目	×××（来源于任务目标分解）	"步骤"主题×××"工具"主题×××"案例"主题×××"方法"主题×××（来源于主题确定）	对应"步骤"主题×××（来源于任务单元划分）			对应关键操作行为	对应关键操作要领	对应关键风险点
⋮	⋮	⋮						

案例分享

案例分享 3-2：《低压三相四线电能表装表接电技能培训》实操项目操作步骤梳理

案例场景

廖某某培训师已完成《低压三相四线电能表装表接电技能培训》技能主题挖掘提炼，根据其结果进行实操步骤梳理，其结果见【二维码 3-3】。

【二维码 3-3】

案例分享 3-2：《低压三相四线电能表装表接电技能培训》实操项目操作步骤梳理

融会贯通

训练任务 3-2：《×××》实操项目操作步骤梳理

训练任务：根据背景材料完成《×××》实操项目操作步骤梳理。

场景材料：给出某课程主题挖掘提炼结果表和课程目标确定过程表。

训练要求：小组学员根据以上场景材料，集体讨论完成《×××》技能实操项目操作步骤梳理，并将小组成果填入【二维码 3-4】表中；完成时间控制在 30min 内。

【二维码 3-4】

训练任务 3-2：《×××》实操项目操作步骤梳理

要点回顾

本节主要介绍了实操项目任务单元划分、任务单元操作步骤梳理、操作标准核实。其中任务单元划分是按时间、空间或路线等逻辑将实操项目划分为可单独训练、可分时段训练的任务单元；任务单元步骤梳理可采用"总—分"或"分—总"方式进行，梳理出的同级步骤应具有单一逻辑性、相对独立性、先后顺序性，最终形成关键操作步骤（一级步骤）、关键操作点（二级步骤）、关键操作行为（三级步骤）逻辑架构；操作标准核实分两种情况处理，若已有操作标准，将操作标准与关键操作行为对应，依次梳理出关键操作要领、关键风险点、关键风险防控措施，若无操作标准，则根据实际作业标准、规范和现场实际先梳理出关键操作行为对应的关键操作要领、关键风险点、关键风险防控措施，在此基础上编制操作标准，这两种情况都需要现场核实其合适正确。

第三节　授课大纲编制（定大纲）

🎯 关键要点

　　培训师在明确了技能类授课主题和各任务单元的操作步骤和操作标准后，将梳理各主题间、各任务单元间、各步骤间的内在逻辑，搭建授课大纲目录，明确授课重点和难点，编制实操训练大纲。其中编制技能训练大纲为本节重点，课程重点、难点确定为本节难点。授课大纲编制关键要点如图3-4所示。

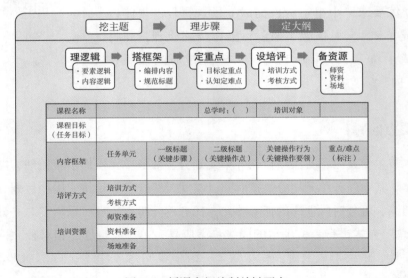

图 3-4　授课大纲编制关键要点

📝 必要知识

一、技能类授课大纲构成要素

技能类授课大纲是指将技能训练核心的要素及要求进行结构化的逻辑梳理，以纲要的形式对技能授课提出的整体性要求，是技能训练的指导性文件，是实训教学设计和实训教学实施的行动指南。

技能类授课大纲主要包括培训课程目标（任务目标）、培训内容框架、授课重点／难点、培训评价方式、培训资源五要素，其含义如下：

（1）课程目标。是指任务目标，是授课大纲的魂，是技能培训内容的依据和出发点，着重关注学员经培训后能"干什么"。

（2）内容框架。是指为达成任务目标的技能主题逻辑架构，是授课大纲的核心要素，包括各任务单元的关键操作步骤、关键操作点、关键操作行为等。

（3）重点／难点。重点是指为达成任务目标的重要技能项，是授课内容的核心，是目标实现的关键；难点是指学员难以理解、难以模仿、难以感悟的技能内容，是目标实现的障碍。

（4）培训评价方式。是指培训内容呈现和检验课程目标实现程度的总体形式，一般包括培训方式和考核方式。培训方式一般是指集中授课（讲解、演示）、现场教学、分组训练等；考核方式一般是指二级评估方式，如技能实操考核、情景技能答辩、成果评定等。

（5）培训资源。是指支撑技能培训所必需的实训场地、资料、师资等资源，是技能训练物质基础和载体。

大纲五要素按内在逻辑顺序呈现，技能类授课大纲模板见表3-7。

二、技能类授课大纲编制步骤

技能类授课大纲编制就是根据培训需求和课程目标，将"五要素"内容确定下来，填入表3-7，形成后序教学设计的指导性文件。"五要素"按内在逻辑顺序呈现，相互衔接、协调统一，体现科学性、针对性、有效性。大纲编制一般按如下步骤进行：

技能类授课

表 3–7 技能类授课大纲模板

课程名称			总学时：（ ）学时	培训对象		备注
课程目标（任务目标）						列明《标准》来源
内容框架	任务单元	一级标题（关键步骤）	二级标题（关键操作点）	关键操作行为（关键操作要领）	重点/难点（标注到末级标题或关键词）	可按任务单元单独编制授课大纲
培训评价方式	培训方式					作总体说明
	考核方式					作总体说明，详细内容见考核部分
培训资源	师资准备					总体说明，详细内容见教学设计
	资料准备					
	场地准备					

（一）梳理授课大纲逻辑（理逻辑）

编制授课大纲第一步要首先梳理"五要素"间的内在逻辑，重点梳理授课内容之间的逻辑。"五要素"间，以课程目标为导向，甄选授课内容，确定重点难点；以课程目标、授课内容为依据，以学员为中心，总体设计培评方式；根据授课内容和培评方式，总体准备培训资源。

授课内容框架梳理和搭建以任务为导向，突出能力训练，以授课内容逻辑为主线梳理各主题间逻辑顺序、以任务作业程序为主线梳理各任务单元间逻辑顺序、以时间轴为主线梳理各步骤间逻辑顺序。对技能类授课严格按时空逻辑梳理授课内容，一般以时间轴为主线，以空间轴为辅线（从下到上、从外到里等）梳理授课内容框架。

（二）搭建授课内容框架（搭框架）

授课内容按逻辑梳理后，编排内容框架，逐级规范标题名称，形成多级目录架构，对授课内容进行总体布局。

对于复杂的技能项目，在编制技能类授课内容框架时，先搭建一级目录（任务单元），理清各任务单元间的逻辑关系；再搭建二级目录（任务单元下的操作步骤），理清各步骤间的逻辑关系；后搭建三级目录（各步骤下的操作点），理清各操作点间的逻辑关系；若有必要，最后搭建四级目录（各操作点下的操作行为），理清各操作行为间的逻辑关系。

目录层级数和同层级标题数数量尽量符合 5±2 记忆规律，建议 3~5 为宜；各级目录标题要简明、同级句式要统一，上级要包含下级，标题间内容体量相对要均衡，标题提炼命名详见"第三章　第二节"相关内容。

为满足标题间"上统下"和数量合理的要求，可采用"标题升级"法将各细分标题概括重组为一个上级标题，此上级标题包括几个重组前的下级标题。标题概括重组可参考如下方法：

（1）关键字概括。在同一逻辑关系中，将有相同的关键字可概括在一起，可将多个同级标题合并为一个上一级标题。例如：将三个一级标题"检查绝缘手套、检查接地钳表、检查杆号牌"，可重组为一个上一级标题"检查"，其下包括"二级标题：检查绝缘手套、检查接地钳表、检查杆号牌"。

（2）同属性概括。在同一逻辑关系中，将有相同属性的可概括在一起。例如："准备工作票、准备操作票、准备接地线登记表、准备作业指导书等"，这些内容都具备资料的属性，可以概括为上一级标题"准备资料"。

（3）同目标概括。在同一逻辑关系中，按目标达成的要素或步骤归类概括。例如："拆接地极、测量电阻、读数记录和恢复接地"，其目标是"测量电阻值"，因此可概括为上一级标题"测电阻"。

（三）确定授课内容重点难点（定重点）

确定了授课内容框架后，应根据课程目标确定授课重点，根据学员认知规律确定难点。

技能类授课的目的是为了实现学员对技能的模仿、应用、迁移，是学员在经培训后达成"任务目标"要求，因此技能授课必须以"目标"为导向，确定关键操作步骤、关键操作行为、关键操作要领、关键风险防控等授课重点内容，授课时应采取多种方法和手段强化重点内容的讲解、示范和训练。

学员在技能培训中，对难理解、难模仿、难感悟的内容，应列入授课难点，授课时应采用多种直观的、具体的、感性的、体验的授课方法对难点进行化解。

针对既是重点，又是难点的授课内容，应特别注意授课内容的加工、授课方法的选择、教学活动的设计，先化解难点，再强化重点。

（四）设计培评方式（设培评）

在课程目标指引下，根据授课内容及重点难点，初步总体设计培训方式和考核方式，为后序资源配置准备和教学设计提供方向性参考，具体培训方式和考核方式在教学设计和实施中反复修正。

培训方式是对培训安排做出初步总体安排，比如某实操培训采用"先集中讲解示范，后采用分组模仿训练，最后独立训练"，这就为后序资源准备提出了师资、场地、资料等要求，同时后序教学环节设计时需考虑教学策略、方法、活动、时间等。

考核方式是对学员学习后效果检验做出初步总体安排，比如某实操培训后采用"现场实操考核和技术答辩相结合的方式进行考核"，这就为后序资源准备、教学实施和训后考核实施提出了方向性要求。

（五）准备培训资源（备资源）

根据前面授课内容、培评方式的要求，预先对培训资源做出总体安排和要求。培训资源准备主要从师资准备、资料准备、场地设施准备等方面统筹准备，后序教学设计时提出具体准备事项。

⚒ 必备技能

必备技能 3-3：技能实操授课大纲编制

场景描述

在完成课程目标、授课主题确定及步骤梳理后，明确授课大纲"五要素"，完成授课大纲编制，将"五要素"内容填入表 3-7 中。

授课大纲编制步骤及操作要领

第一步：梳理大纲要素间逻辑。梳理大纲"五要素"间的内在逻辑，明确各要素含义。

第二步：明确课程目标。采用 ABCD 法编写技能类授课课程目标（任务目标），将课程目标细化到任务单元目标，突出行为和标准。

第三步：搭建内容框架。对任务单元进行内容框架搭建（操作步骤、操作点、操作行为），同级或级间标题合并重组，提炼命名规范，标题尽量满足简洁明确、逻辑关联、思维联想、描述统一、体量均衡等要求。

第四步：明确重点难点。任务目标定重点，认知规律定难点。

第五步：设计培评方式。对培训方式、方法、安排做总体设计及要求，对考核方式、方法、安排做总体设计及要求。

第六步：准备培训资源。对培训师资、培训资料、培训场地等提出总体要求和准备。

案例分享

案例分享 3-3：《低压三相四线电能表装表接电技能培训》项目授课大纲编制

案例场景

廖某某培训师已完成《低压三相四线电能表装表接电技能培训》课程目标确定、主题挖掘提炼、作业步骤梳理，在此基础上可以开展实训项目授课大纲编制，并将其结果填入【二维码 3-5】表中。

【二维码 3-5】

案例分享 3-3：
《低压三相四线电能表装表接电技能培训》项目授课大纲编制

融会贯通

训练任务 3-3：《×××》实操项目授课大纲编制

训练任务：根据背景材料完成《×××》实操项目操作步骤梳理。

场景材料：给出《×××》课程任务目标、技能授课主题、技能作业步骤。

训练要求：小组学员根据以上场景材料，集体讨论完成《×××》技能实操项目授课大纲编制，并将小组成果填入【二维码 3-6】表中；完成时间控制在 30min 内。

【二维码 3-6】

训练任务 3-3：
《×××》实操项目授课大纲编制

✋ 要点回顾

本节主要介绍了技能授课大纲构成"五要素"和大纲编制步骤。大纲构成"五要素"是指课程目标、授课内容框架、授课重点难点、培训评价方式、培训资源五方面内容；授课大纲编制步骤包括理逻辑、明目标、搭框架、定重点、设培评、备资源，其中大纲内容框架标题尽量满足简洁明确、逻辑关联、思维联想、描述统一、体量均衡等要求。

✅ 实践案例

实践案例 3-1：《测量变压器铁芯及夹件泄漏电流实操技能培训》授课内容确定过程

案例场景

韩某某培训师在完成《测量变压器铁芯及夹件泄漏电流实操技能培训》课程目标确定后，根据课程目标进行了授课主题挖掘提炼、作业步骤梳理和课程大纲编制，具体过程见【二维码 3-7】中表 1~ 表 3。

【二维码 3-7】

实践案例 3-1：
《测量变压器铁芯及夹件泄漏电流实操技能培训》授课内容确定过程

实践案例 3-2：《钳表法测量架空线路杆塔接地电阻实操技能培训》授课内容确定过程

案例场景

李某某培训师在完成《钳表法测量架空线路杆塔接地电阻实操技能培训》课程目标确定后，根据课程目标进行了授课主题挖掘提炼、作业步骤梳理和课程大纲编制，具体过程见【二维码 3-8】表 1~ 表 3。

实践案例 3-3：《10kV 架空线路柱上开关的停电操作（运行转冷备用）技能培训》授课内容确定过程

案例场景

郑某某培训师在完成《10kV 架空线路柱上开关的停电操作（运行转冷备用）技能培训》课程目标确定后，根据课程目标进行了授课主题挖掘提炼、作业步骤梳理和课程大纲编制，具体过程见【二维码 3-9】表 1~ 表 3。

【二维码 3-8】

实践案例 3-2：《钳表法测量架空线路杆塔接地电阻实操技能培训》授课内容确定过程

【二维码 3-9】

实践案例 3-3：《10kV 架空线路柱上开关的停电操作（运行转冷备用）技能培训》授课内容确定过程

▶ **本章小结**

本章重点介绍了授课主题确定、作业步骤梳理、授课大纲编制三部分内容。

授课主题采用"五问法"挖掘提炼，以知识目标和任务目标为依据将授课主题切分为知识类授课主题和技能类主题。

作业步骤梳理采用"剥洋葱"分解法梳理作业步骤，提炼关键操作步骤、关键操作点、关键操作要领、关键操作风险及防控，并与作业标准比对，编制实训作业标准。

按大纲构成"五要素"即课程目标、授课内容框架、授课重点难点、培训评价方式、培训资源编制授课大纲，编制步骤为理逻辑、明目标、搭框架、定重点、设培评、备资源。

▶ **培训目标**

任务目标：

在授课大纲基础上遵循教学设计原则合理进行教学整体设计和教学环节设计。

知识目标：

（1）正确简述教学设计各要素的含义及基本要求。

（2）正确描述教学设计基本原则和设计构思。

（3）熟知技能培训方法选用原则和运用呈现要领。

（4）正确描述教学环节设计步骤及各环节设计的内容要点。

▶ **内容导图**

教学设计是培训理念和教学目标的具体体现，是教学实施和教学活动的行动纲领，是教学实施前最重要的备课环节。本章主要包括教学设计要素及架构、教学设计的原则和构思、教学方法选用、教学实施设计等内容，教学设计内容导图如图4-1所示。

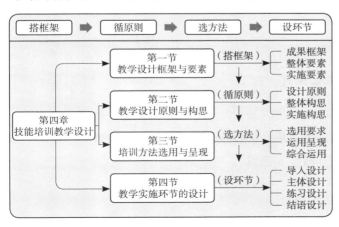

图4-1 教学设计内容导图

第一节　教学设计框架与要素（搭框架）

◎ 关键要点

　　培训师在编制好技能授课大纲后，需根据授课大纲进行教学设计。教学设计包括教学整体设计和教学实施设计，分别由不同要素构成。其中教学设计要素为本节重点，教学策略、教学活动、教学时间设计为本节难点。教学设计框架与要素关键要点如图 4-2 所示。

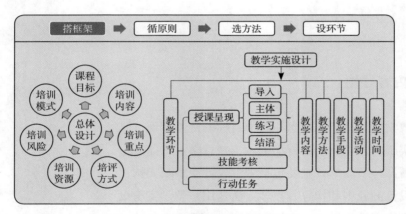

图 4-2　教学设计框架与要素关键要点

◎ 必要知识

一、教学设计及其框架形式

　　教学设计是指根据授课大纲进行教学组织和教学活动的系统策划、安排，是以解决教学问题、优化培训效果、促进学员学习为目的的特殊设计活动。教学设计包括教学整体设计和教学实施设计。

教学整体设计是对教学进行宏观层面的总体规划，是对授课大纲的具体明确和落实，其结果指导后续教学实施设计。技能类授课教学整体设计成果形式见表 4-1。

表 4-1　　　　　　　　　技能类授课教学整体设计成果表

课程名称		总学时：（　）学时		培训对象：		备注
明确课程目标	任务目标			标准来源：		ABCD 法编写
明确授课内容	内容大纲	任务单元	一级标题（关键步骤）	二级标题（关键操作点）	关键操作行为（关键操作要领）	明确重点难点（末级标题或关键词）	可按任务单元单独编制授课大纲
明确培评方式	培训方式					
	考核方式					
明确培训资源	培训师资（教练监护）					
	培训资料（师资及学员）					
	培训场地（设备设施）					
确定培训风险	风险评估					
	风险预控					
确定教学模式	教学策略					
	训练任务					

教学实施设计是指对具体教学实施过程进行详细设计。一般按授课导入、主体、练习、结语等环节进行设计。教学实施设计成果形式见表 4-2。

技能类授课

表 4-2　教学实施设计成果表

教学环节			培训内容					培训方法	培训手段	授课流程教学活动	培训时间
	任务单元	呈现思路	主体呈现内容								
			一级标题（操作步骤）	二级标题（关键操作点）	关键操作行为（关键操作要领）	关键风险点	关键风险控制措施				
课程导入											
课程主体		导入									
		主体									
		练习									
		结语									
	…										
课程练习											
课程结语											
技能考核											
行动任务											

二、教学整体设计要素

由表 4-1 可知，教学整体设计要素包括课程目标、内容大纲、重点难点、培训资源、培评方式、培训风险、教学模式等。其中"课程目标、内容大纲、重点难点、培训资源、培评方式"与课程大纲"五要素"含义相同。在进行教学整体设计时，根据教学客观条件和学员实际对课程大纲"五要素"进行明确落实，除此之外，还需整体考虑"培训风险和教学模式"两个要素，具体内容如下：

（一）培训风险

培训风险是技能培训过程中可能对学员、培训师及设备等造成的风险。培训师在技能培训实施前应根据培训内容、培训资源、培训学员等要素在技能培训现场进行培训风险辨识评估，并做好培训风险预控措施。

（二）教学模式

教学模式是指在培训理念的指导下，根据课程目标、培训内容、培训资源和学员情况，对培评方式再具体化，形成比较稳定的、可操作的教学活动方式，即确定具体的教学策略和训练任务。

1.教学策略

教学策略是指在教学过程中，为达成特定的教学目标，依据培训内容和学员实际，对学员学习过程与途径、选用的培训方法与手段、教学流程与活动等进行总体考虑和构思。常用的教学策略主要有传递–接受、引导–发现、示范–模仿、体验–领悟四种，具体内容见表 4-3。教学策略组合应用效果会更好，技能类授课多采用示范–模仿、体验–领悟策略组合，也可采用传递–接受、示范–模仿策略组合，传递–接受、示范–模仿、体验–领悟策略组合。

2.训练任务

技能训练任务（或称练习任务）是为达成课程目标而设计的教学活动载体，以加深学员对知识、技能的掌握、应用和迁移，直接与课程目标、课程重点或难点内容关联，结合学员水平贴近工作实际，是具体的、明确的、可操作的、可检验的练习任务。

技能类授课

技能训练任务一般分为封闭型任务和开放型任务两种。封闭型任务要求每个学员都应自主完成，在完成封闭型任务后，学员能掌握完成任务的关键性知识和技能；开放型任务一般以小组共同探讨协作完成，通过小组协作完成任务，培养小组团队创新精神，提升团队解决问题的能力。

表 4-3 　　　　　　　　　　　　　　　教学策略

教学策略	策略含义	策略定位	呈现形式	教学流程
传递-接受	以传授知识为主，由培训师控制教学过程，学员主要通过听讲、观看（欣赏）、记录等活动方式接受并掌握新知	着眼让学员在单位时间内有效掌握更多知识	培训师讲-学员听、培训师演-学员看	激发动机-传授新知-巩固应用-点评总结
引导-发现	以解决问题为主，由培训师引导学员思考分析、发现并解决问题，学员主要通过思考分析、讲述分享等活动方式生成能力	着眼培养学员创造性思维能力	培训师引-学员思、学员讲-培训师评	提出问题-分析问题-解决问题-总结提炼
示范-模仿	以训练技能为主，由培训师规范演示并指导，学员主要通过模仿训练、自主练习、成果分享等活动方式生成技能	着眼让学员有效掌握专业技能	培训师做-学员做、学员做-培训师评	规范演示-模仿训练-自主练习-点评总结
体验-领悟	以体验感悟为主，由培训师创设情景、诱导参与，学员主要通过情景体验、分享感悟等活动方式领悟知识、技能、态度	着眼让学员增强感性、转变观念、领会要领、生成能力	培训师诱-学员验、培训师导-学员悟	创设情景-活动体验-分享感悟-总结提炼

三、教学实施设计要素

由表 4-2 可知，教学实施设计要素包括教学环节、培训内容、培训方法、培训手段、教学活动、培训时间等，具体内容如下：

（一）教学环节

教学环节是指技能教学实施流程，即包括授课呈现环节、技能考核环节和行动任务布置环节等。其中授课呈现环节由导入（教学开场）、主体（讲解示范）、练习（技能训练）、结语（教学总结）构成，授课呈现环节如图 4-3 所示。

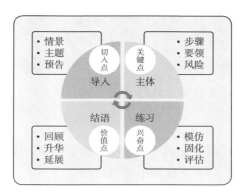

图 4-3　授课呈现环节

1. 导入环节

导入环节为技能授课实施的开场部分，体现课程内容的切入点，其目的是吸引学员积极参训，布任务、立规矩、防风险，导入内容主要包括设置情景（组织教学）、导入主题、开场预告，重点对导入主题的方法、内容、结论进行设计等。

2. 主体环节

主体环节为技能授课实施的核心部分，体现课程内容的关键点，其目的是采用多种策略、方法、手段对技能关键操作步骤、关键操作要领、关键操作风险等进行讲解、演示、示范。

3. 练习环节

练习环节是技能授课实施的学员训练环节，体现课程内容的兴奋点，其目的是让学员通过模仿练习、自主练习，生成技能，练习环节包括练习前关键交代、练习中安全控场、练习后点评总结。

4. 结语环节

结语环节是技能授课的结尾部分，体现课程内容的价值点，其目的是对整个授课内容进行总结、升华、延展。

5. 技能考核

技能考核环节是技能训练后对学员技能掌握水平的测试，通过考核进行技能训练反思和改进。包括考核任务、考核规则、考核标准、考核流程等内容。

6.行动任务

行动任务是指课程结束后对学员布置的作业，主要让学员将所学重点内容应用于实际工作，提升学员运用知识技能的能力，行动任务与课程目标和课程重点关联。主要包括任务名称、任务要求等内容。

（二）培训内容

培训内容是技能授课内容大纲的展开，是培训师具体授课和学员具体学习的关键内容。在内容大纲末级标题下对内容细化、加工，提炼形成授课主体关键内容，即对各操作步骤细化、加工，提炼形成关键操作点、关键操作行为、关键操作要领、关键操作风险、关键风险防控措施。

导入有导入主题内容、练习有练习任务、结语有总结要点等培训内容，各环节关键内容按各环节的目的和要求进行设计、加工、提炼。

（三）培训方法

培训方法是指培训过程中培训师和学员为了实现课程目标和教学任务要求，在教学策略引导下，在教学活动中所采取的行为方式的总称。在各教学环节中采取的培训方法有所不同，不同教学环节，根据教学策略和呈现方式的不同又可划分为不同类别的培训方法。培训方法的选用应综合考虑培训内容特性、培训资源条件、培训对象特质、培训时间要求、培训师特长等。

（四）培训手段

培训手段是指培训师和学员在培训中相互传递信息的工具和媒介，培训师应充分利用现代化的培训手段进行辅助教学，培训手段的选用要与培训内容、培训方法等相匹配，以提高培训效率和增强培训效果。技能类授课常用培训手段有仿真、实物、模型、图表等。

（五）教学活动

教学活动就是培训师（教的人）指导学员（学的人）进行学习的活动。即培训师在一定教学环境中采用一定的教学策略和教学方法引导学员学习的活动统称。教学活动包培训师活动、学员活动。

一个完整的学习过程包括输入、处理、输出三个环节，三者缺一不可，形成一个完整的闭环，学习过程模型如图 4-4 所示。对某一培训内容主题采用某种教学策略后，其教学流程和教学活动也按输入、处理、输出三个环节进行设计，形成闭环。在培训教学中，培训师活动主要行为包括讲解传授（讲）、诱引导学（引）、表演展示（演）、示范教练（做）、点评判断（评）、总结升华（总），学员活动主要包括听讲记录（听）、分析思考（思）、讲答陈述（讲）、讨论点评（评）、观看欣赏（看）、模仿练习（做）、扮演体验（演）、分享感悟（享）、总结升华（总）等。教学活动是双向的、衔接的，培训师活动和学员活动关系见表 4-4。技能类授课教学活动主要教学策略采用传递–接受、示范–模仿、体验–领悟，活动形式主要表现为培训师讲–学员听、培训师演–学员看、培训师做–学员做、学员做–培训师评、学员享–培训师总等。

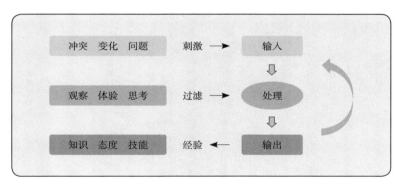

图 4-4　学习过程模型图

表 4-4　教学活动表

输入／处理／输出	学员＼培训师	讲解传授 讲（授）	诱引导学 引（导）	表演展示 演（示）	示范教练 做（教）	点评判定 评（判）	总结升华 总（升）
输入	听讲记录 听（记）	培训师讲－学员听	培训师导－学员听			培训师评－学员听	培训师总－学员听
处理	思考分析 思（析）	培训师讲－学员思	培训师引－学员思	培训师演－学员思	培训师做－学员思	培训师评－学员思	培训师总－学员思 ／ 学员析－培训师总
处理	讲答陈述 讲（述）	培训师讲－学员讲	培训师引－学员讲	培训师演－学员讲	培训师做－学员讲	培训师评－学员讲 ／ 学员讲－培训师评	培训师总－学员讲 ／ 学员讲－培训师总
处理	讨论点评 评（讨）	培训师讲－学员讨	培训师导－学员评	培训师演－学员评	培训师做－学员评	培训师评－学员评 ／ 学员讨－培训师评	培训师总－学员评 ／ 学员讨－培训师总
处理	观看欣赏 看（赏）	培训师讲－学员看	培训师引－学员看	培训师演－学员看	培训师做－学员看	培训师评－学员看 ／ 学员看－培训师评	培训师总－学员看 ／ 学员看－培训师总
处理	模仿练习 做（练）	培训师讲－学员做	培训师导－学员做	培训师演－学员做	培训师做－学员做	培训师评－学员做 ／ 学员做－培训师评	学员做－培训师总
处理	扮演体验 演（验）	培训师讲－学员演	培训师引－学员演（验）	培训师演－学员演	培训师做－学员演	培训师评－学员验 ／ 学员演－培训师评	学员演－培训师总
处理	分享感悟 享（悟）	培训师讲－学员享	培训师导－学员享（悟）	培训师演－学员悟	培训师做－学员悟	培训师评－学员享 ／ 学员享－培训师评	学员享－培训师总
输出	总结升华 总（升）	培训师讲－学员总	培训师引－学员总	培训师演－学员总	培训师做－学员总	培训师评－学员总 ／ 学员总－培训师评	培训师总－学员总 ／ 学员总－培训师总

（六）培训时间

培训时间是指教学环节用时、培训内容用时、教学活动用时等时间的统称。培训总时长在技能授课策划时应根据培训目标、培训内容、培评方式、学员分组等综合考虑总时长；在教学实施设计时，在总时长控制范围内，先分配培训内容和教学活动用时，后分配教学环节用时。

培训内容用时应细化，要求分配到每个培训内容点，着重考虑教学内容（数量、重点、难度）、培训方法、教学活动等因素，时间安排合理、松紧有度、快慢得宜、因人因课而异。教学环节用时主要从组织教学、导入、主体、练习、结语、考核等环节分配。

教学设计时间，以完成一任务单元教学为例，培训师按正常作业速度规范完成任务的时长为参考时长，教学时间分配见表4-5。

表 4–5　　　　　　　　　　　　　　教学时间分配表

教学环节	教学时间分配
导入环节用时	将教学组织和课程导入统筹设计时间分配，一般按参考时长的1~2倍设计
主体环节用时	主要根据培训内容用时汇总；按参考时长的3~5倍设计（正常演要1倍、逐步边讲与边演，慢动作和分解动作要2~3倍，边演边讲要1~2倍）
练习环节用时	主要考虑练习任务目标与数量、学员基础与分组、训练设备资源、练习活动与方式等因素，对于技能类授课，练习环节耗时较多，计划性要强。练习环节总时间按小组内单个学员练习时间乘以小组学员人数设计，单个学员完成全程练习时间按参考时长的3~6倍设计（模拟训练要2~3倍，自主训练要1~2倍，能力生成1~2倍）
结语环节用时	一般按参考时长的1~2倍设计
考核环节用时	主要考虑考核方式、考核场地安排和学员分组、学员人数等因素。技能考核总时间按小组内单个学员考核时间乘以小组学员人数设计，单个学员考核时间按参考时长的1~2倍设计

培训师按教学设计逐个环节必须进行课前授课演练，记录达到正常规范授课时的各环节时间，进行修正教学时间分配。

👆 **要点回顾**

本节主要介绍了教学整体设计和教学实施设计框架、要素。其中教学整体设计要素包括课程目标、内容大纲、重点难点、培训资源、培评方式、培训风险、教学模式七要素；教学实施设计包括教学环节、培训内容、培训方法、培训手段、教学活动、培训时间六要素，教学环节又包括授课呈现环节（导入、主体、练习、结语）、技能考核、行动任务环节，每个授课呈现环节均包括培训内容、培训方法、培训手段、教学活动、时间等要素。

第二节　教学设计原则与构思（循原则）

🎯 关键要点

培训师在明晰了教学设计各要素内涵后，在教学设计原则指导下进行教学设计整体构思、纵向构思和横向构思。其中教学设计构思为重点，教学设计原则为难点。教学设计原则与构思关键要点如图 4-5 所示。

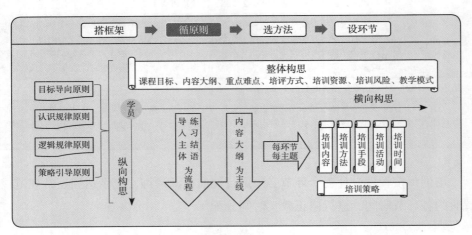

图 4-5　教学设计原则与构思关键要点

📝 必要知识

一、教学设计原则

（一）目标导向原则

目标导向原则是指教学设计时以课程目标为导向，教学整体设计和教学实施设计要紧扣课程目标，构建教学实施思路。在教学内容组织、重点难点确定、培训方法选择、训练任务设计等方面以课程目标为基准，进行教学构思。

（二）认知规律原则

认知规律原则是指教学设计时遵从成人学习特点和认知规律，从感性到理性、从具体到抽象、从简单到复杂、从局部到整体，突出重点，解决难点。在教学实施设计中教学内容加工、培训方法选择、教学活动设计等要以学员为中心，符合认知规律。

（三）逻辑规律原则

逻辑规律原则是指教学设计时教学内容结构搭建要符合教学内容本身的逻辑，教学设计各要素间要符合学员认知和学习过程的逻辑。在教学整体设计中各要素间要符合逻辑规律原则，在教学实施设计中纵向教学流程符合教学内容主线逻辑，横向各要素间符合策略引导逻辑。

（四）策略引导原则

策略引导原则是指在教学过程中，培训方法选择、培训手段运用和教学活动程序设计等需在教学策略引导下统筹考虑的原则。即教学设计过程中，首先总体考虑教学策略，在策略引导下依据教学内容和学员实际灵活选择培训方法、运用培训手段、设计教学流程和教学活动。在教学整体设计总体考虑选用策略，在教学实施设计中具体呈现策略。

二、教学设计构思

教学设计构思是指明确教学设计各要素间的逻辑关系，理清教学设计思路，搭建教学设计成果框架。

（一）教学整体设计构思

教学整体设计构思即理清教学整体设计思路。主要是根据培训项目要求和学员特点，明确教学整体设计七要素内容及逻辑，搭建教学整体设计成果框架（见表 4-1）。整体构思步骤如下：

明确课程目标 – 明确内容大纲 – 明确培评方式 – 明确培训资源 – 确定培训风险 – 确定教学模式 – 明确总体培训时间。其中课程目标、内容大纲、培评方式、培训资源来源于课程大纲，在此需要根据主客观条件和学员特点进行确认和优化，对于技能授课需在课程大纲基础上确定培训风险并落实安全预控措施，确定教学模式（选用教学策略、设计训练任务）。

按上述流程将各要素具体内容填入表 4-1 中，就完成了教学整体设计，形成教学整体设计成果，此成果统领教学实施设计。

（二）教学实施设计构思

教学实施设计构思即理清教学实施设计思路。在教学整体设计成果基础上构思教学实施思路，完成教学实施设计，形成教学实施设计成果（见表 4-2）。教学实施设计构思要充分贯彻"以达成任务为导向，以学员为中心，以培训师为主导"的培训理念，遵循"目标导向、认知规律、逻辑规律、策略引导"教学设计原则，充分把握教学过程双边性、认知性、实践性的特点，统筹进行教学实施设计纵向构思和横向构思。

1. 纵向构思

以课程目标为导向，从课程目标出发，纵向以时间为轴设置教学环节，以授课内容大纲为逻辑主线，纵向贯通各个教学环节。教学环节纵向构思步骤如下：

（1）纵向时间逻辑（教学流程）：课程导入 – 课程主体 – 课程练习 – 课程结语 – 技能考核。

（2）纵向内容逻辑（课程内容）：导入课程主题 – 主体内容大纲（多级标题）– 课程练习内容 – 课程结语内容。课程主体（内容大纲）中每一个标题按教学流程"导入 – 主体 – 练习 – 结语"展开。教学实施设计纵向构思见表 4-6。

表 4-6   教学实施设计纵向构思

教学环节			培训内容					
课程导入								
课程主体	任务单元	呈现思路	主体呈现内容					
		导入						
		主体	一级标题	二级标题	三级标题	关键操作要领	关键风险点	关键风险控制措施
		练习						
		结语						
		⋮						
课程练习								
课程结语								

2.横向构思

横向构思对接教学内容，以学员为中心，结合培训资源，以教学策略为引导，横向考虑内容线、方法线、手段线、活动线、时间线五线并进。横向构思步骤如下：

明确培训内容 – 选择培训策略 – 选用培训方法 – 运用培训手段 – 规划教学流程 – 设计教师活动 – 设计学员活动 – 分配培训时间。

每一教学环节进行横向构思，对于培训内容主体环节按每一级标题进行横向构思。其中"教学流程 – 教师活动 – 学员活动"以时间轴为逻辑纵向展开。

✿ 必备技能

必备技能 4-1：教学整体设计

场景描述

在完成教学大纲的基础上，按教学设计原则和整体设计构思完成教学整体设计。

操作步骤及操作要领

第一步：落实教学大纲。将大纲五要素具体明确并落实，将课程目标、授课内容、重点难点、培评方式、培训资源填入教学整体设计表。

第二步：确定培训风险。对技能项目进行培训风险辨识和评估，针对性列出风险防控措施，将结果填入教学整体设计表。

第三步：选择教学策略。根据大纲和学员特性选择总体教学策略。

第四步：设计训练任务。根据课程目标及重点难点设计训练任务。

✋ 案例分享

案例分享 4-1：《低压三相四线电能表装表接电技能培训》教学整体设计

案例场景

廖某某培训师已完成《低压三相四线电能表装表接电技能培训》课程大纲编制，根据课科大纲完成《低压三相四线电能表装表接电技能培训》教学整体设计，其设计成果见【二维码 4-1】。

【二维码 4-1】

案例分享 4-1：《低压三相四线电能表装表接电技能培训》教学整体设计

💬 融会贯通

训练任务 4-1　教学整体设计

训练任务：根据背景材料完成《×××》技能教学整体设计。

场景材料：给出《×××》课程目标、授课大纲。

训练要求：小组学员根据以上场景材料，集体讨论完成教学整体设计，并将小组成果填入教学整体设计表 4-1；完成时间控制在 30min 内。

🖐 要点回顾

本节重点介绍了教学设计原则和教学构思两部分内容，其中教学设计原则包括目标导向原则、认知规律原则、逻辑规律原则和策略引导原则，在教学设计指导下进行教学设计整体构思、纵向构思、横向构思。整体构思要素包括课程目标、内容大纲、重点难点、培评方式、培训资源、培训风险、教学模式，纵向构思以教学环节为流程、以内容大纲为主线，横向构思以教学策略为引导，横向进行教学内容、教学方法、教学手段、教学活动、教学时间五线设计。

第三节 培训方法选用与呈现（选方法）

🎯 关键要点

培训师在完成教学设计整体构思和纵向构思、横向构思后，应根据培训目标、培训内容和学员对象选择培训策略，根据培训方法选用原则选用合适的培训方法。本节主要包括方法介绍、选用影响、选用原则、运用呈现、综合运用等内容，其中选用原则和运用呈现为重点，运用呈现为难点。培训方法选用与呈现关键要点如图 4-6 所示。

技能类授课

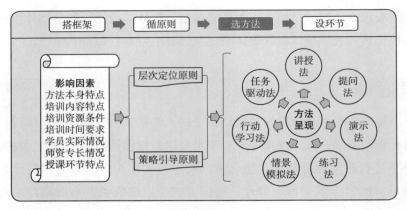

图 4-6　培训方法选用与呈现关键要点

📖 必要知识

一、技能培训方法介绍

技能培训方法主要有讲授法、提问法、演示法、练习法、任务驱动法、行动学习法、情景模拟法等。技能授课方法定义及优缺点见表 4-7。

表 4–7　　　　　　　　　　　技能授课方法定义及优缺点

主体方法	定义	优点	缺点
讲授法	指培训师通过语言表达向学员讲解理论、传授知识、分享经验，在学员感知、认同和理解的基础上，使学员获得知识、拓展思维、接受观念的一种培训教学方法	（1）信息量大，可以在较短时间内传递大量信息。 （2）效率高，可以同时对众多学员集中授课，系统讲授内容。 （3）掌控性强，便于调控课堂、控制教学进程。 （4）适应性强，不受场地、设备设施等硬件资源限制	（1）易陷入单向说教、呆板枯燥的"满堂灌"的状态。 （2）学员课堂参与度和自主思考度较弱，其主体作用难以发挥。 （3）培训教学效果过度依赖培训师的口头表达能力
提问法	对拟改进的事物进行分析、展开、综合，以明确问题的性质、程度、目的、理由、场所、责任等，从而由问题的明确化来缩小需要探索和创新的范围的方法	（1）有利于激发学员兴趣。 （2）有利于促进学员的思维发展。 （3）有利于加深学员对知识的理解	比较强调发挥心理因素的作用，忽视解决问题的技术措施

续表

主体方法	定义	优点	缺点
演示法	指通过实物、模型、图片、音像等的展示，便于学员认知教学内容，获得感性认识的一种培训教学方法	（1）通过简单直观的方式，帮助学员认知教学内容。 （2）可吸引学员的注意力。 （3）具有直观性和直接性，可以增强学员对事物的感性认识	（1）学员参与度低。 （2）实物演示受到场地和学员人数的限制
练习法	指学员在培训师的指导下，依靠自觉地控制和校正，反复地完成一定动作或活动，借以形成技能、技巧或行为习惯的一种培训教学方法	（1）使学员在神经系统中形成一定的动力定型，以便顺利地、成功地完成某种活动。 （2）通过练习可以有效地训练学员的各种技能技巧。 （3）反复练习可使学员由初级技能向技巧性技能升华，熟能生巧	（1）简单机械的重复练习，将降低学员学习兴趣，产生枯燥感。 （2）练习需要耗费较长时间。 （3）有些练习需要消耗大量材料
情景模拟法	指通过对事物发生与发展的环境、过程进行模拟，让学员在模拟情景的过程中领悟原理、掌握方法，从而获取知识和提升能力的一种培训教学方法	（1）能激发学员的学习欲望，充分调动学员积极性。 （2）环境与过程形象直观，学员通过体验式学习，可以提升培训效果。 （3）能较好解决在现实中难以再现或难以形象化讲解的问题。 （4）能使学员在模拟情景的过程中分析问题、解决问题，生成能力	（1）本方法受空间、设备、时间等资源和学员人数的限制。 （2）对培训师情景设计能力和过程掌控能力要求较高。 （3）学员的情绪、表演欲望及专业认知等因素会影响情景模拟效果
任务驱动法	任务驱动法是以具体任务为载体，学员在培训师的帮助下，运用已有的知识、经验去完成任务，在完成任务的过程中获取知识、提升技能、形成观念的一种培训教学方法	（1）以任务"驱动"学员，调动学员学习的积极性。 （2）能使学员在完成任务的过程中分析问题、解决问题，生成能力。 （3）学员通过具体任务的实施，掌握解决问题的方法，拓展能力。 （4）任务完成后形成的成果是具体、可衡量的，使学员有成就感	（1）本方法受设备、工位、空间、时间等资源的限制。 （2）对学员的要求较高，需要具备一定的知识和技能才适宜开展。 （3）培训师须拥有较强的任务设计能力和课堂掌控能力
行动学习法	组织学员对实际工作中的问题、任务、项目等具体事项进行处理的培训方法	（1）有利于激发学员的潜能。 （2）有利于学员创造性地研究并解决问题。 （3）有利于培养学员的质疑精神。 （4）有利于学员之间分享经验	（1）学员需要具备一定的工作经验。 （2）学员无法系统地学习知识。 （3）需要一个知识丰富、有组织能力的督导员协助。 （4）项目设计及内容难度高。 （5）耗时长、成本高

二、培训方法选用要求

（一）方法选用的影响因素

培训方法是为了有效地实现培训目标而选用的教学方法，它必须与培训需求、培训课程、培训目标及培训对象相适应。优选培训方法时应考虑表 4-8 中因素的影响。

表 4-8　　　　　　　　　　方法选用影响因素

影响因素	选用要点
方法本身特点	依据各种培训方法自身的特点及实施要求，充分利用优点，尽量避开缺点，选择实施步骤简洁、易操控的培训方法
培训内容特点	依据课程类别（知识类课程、技能类课程、态度类课程等）和课程内容特点（尽量具体到每个内容主题），选择适合内容特点易操控的培训方法。对技能类授课可选用讲授法、演示法、练习法、任务驱动法、行动学习法、情景模拟法等
培训资源条件	依据现有培训资源实际情况，如培训场地、设备设施、工具器材、教具模型、工位配置、培训经费等，根据培训资源创设合适的培训场景，选择操作性强、符合实际的培训方法
培训时间要求	依据现有培训资源实际情况，如培训场地、设备设施、工具器材、教具模型、工位配置、培训经费等，根据培训资源创设合适的培训场景，选择操作性强、符合实际的培训方法
学员实际情况	依据学员能力现状、学员人数、性别年龄等，有针对性选择适合学员，能发挥学员主观能动性和积极参训的培训方法
师资专长情况	依据培训师资本身的专业技能和授课技能特长，选择师资擅长的培训方法
授课环节特点	技能授课开场、示范、练习、总结等环节，根据内容特点选择合适的培训方法

（二）方法选用的基本原则

1. 层次定位原则

（1）目标层次。对技能类授课，将技能目标可分为掌握（模仿操作）、应用（熟练操作）、迁移（应用升华）三个层次，根据培训目的需要达到的目标层次，合理选用技能类授课方法，来实现预期的培训效果。技能目标与培训方法运用效果对比参考表见表 4-9。

表 4-9　　　　　　　　　技能目标与培训方法运用效果对比参考表

学习目标＼培训方法	讲授法	演示法	练习法	任务驱动法	行动学习法	情景模拟法
掌握（模仿操作）	良好	良好	很好	一般	一般	一般
应用（熟练操作）	一般	一般	良好	很好	一般	很好
迁移（应用升华）	一般	一般	一般	很好	很好	良好

从表 4-9 可以看出，对于只要求学员掌握基本操作要领，能独立模仿操作的技能培训，选用讲授法、演示法、练习法等；对于要求学员熟练掌握操作要领，能完成实际技能项目操作的技能培训，选用练习法、情景模拟法、任务驱动法等；对于要求学员灵活运用操作技能，解决同类实际问题的技能培训，选用情景模拟法、任务驱动法、行动学习法等。

（2）学员层次。选用培训方法时，必须结合学员现状及层次，合理选用。通常将技能类学员分为新员工、初级作业员（初级工、中级工）、中级作业员（中级工、高级工）、高级作业员（高级工、技师）、班组长（技师、高级技师）五个层次，基于不同的对象层级应该选择不同的培训方法，来实现预期的培训效果。学员群体与培训方法运用效果的对比见表 4-10。

表 4-10　　　　　　　　　学员群体与培训方法运用效果的对比参考表

教学对象＼授课方法	讲授法	演示法	练习法	任务驱动法	行动学习法	情景模拟法
新员工、初级作业员	很好	很好	很好	一般	一般	良好
中级作业员	一般	良好	很好	一般	一般	很好
高级作业员	一般	一般	一般	很好	良好	很好
班组长	一般	一般	一般	良好	很好	很好

2. 策略引导原则

根据课程目标，结合课程内容和学员特点，选定教学策略，在教学策略引导下选择合适的培训方法。技能类授课主要采用示范－模仿、体验－感悟策略，传递－接受、引导－发现为辅，通常一主一辅组合运用，根据策略选取对应的契合培训主题目标的培训方法。策略引导选用方法见表 4-11。

表 4-11 策略引导选用方法

培训目标	教学策略	呈现形式	教学流程	教学方法	备注
获取知识	传递-接受	培训师讲-学员听、培训师演-学员看	激发动机-传授新知-巩固应用-点评总结	讲授法、演示法、提问法	为辅
改变思维	引导-发现	培训师引-学员思、学员享-培训师评	提出问题-分析问题-解决问题-总结提炼	提问法、演示法、情景模拟法、行动学习法	为辅
提高技能	示范-模仿	培训师做-学员做、学员做-培训师评	规范演示-模仿训练-自主练习-点评总结	演示法、练习法、演练法、情景模拟法	为主
转变观念	体验-领悟	培训师引-学员验、培训师导-学员悟	创设情景-活动体验-分享感悟-点评升华	情景模拟法、任务驱动法、行动学习法	为主

以上两个原则在指导选用方法时，先层次定位原则，后策略引导原则，优化组合选用培训方法，一般一主一辅或一主两辅组合选用，培训效果较好。

三、培训方法运用呈现

方法的运用必须以学员学习过程和教学过程为切入点，以教学策略为引导，合理设计教学活动。

（一）讲授法的运用呈现

讲授法在技能教学环节中主要在技能教学开场、技能讲解示范、技能教学总结等环节运用。

讲授法运用之前，要精构讲授内容框架，即要精选内容和精心组织，精心搭建内容框架。将技能教学开场环节中的项目情景介绍、导入主题、开场交代等，主体讲解环节中的操作步骤、操作要领、关键风险等，结语环节中的回顾总结等要讲授的内容进行内容逻辑框架搭建，使内容的组织具有逻辑性，条理清楚，主次分明。培训师必须对讲授内容娴熟于心、胸有成竹。

讲授法的运用按学员学习过程"输入-处理-输出"和培训师授课过程"导入-主体-练习-结语"进行展开，在教学策略"传递-接受、引导-发现"的引导下，具体可按精彩开场（找准内容切入点）、精炼讲解（把握内容关键点）、精准指点（抓住内容兴奋点）、精确总结（提炼内容价值点）等步骤进行。讲授法运用要领和教学活动设计见表 4-12。

表 4-12　　　　　　　　　　　讲授法运用要领和教学活动设计

教学过程			教学策略		讲授法运用		教学活动		
学习过程	授课过程	核心内容	传递－接受	引导－发现	操作步骤	操作要领（注意事项）	活动呈现形式	培训师活动	学员活动
输入	导入	切入点	激发动机	提出问题	精彩开场	激发兴趣、吸引参训	培训师引－学员思、培训师讲－学员听	诱引导学、讲解传授	听讲记录、思考分析
处理	主体	关键点	传授新知	分析问题	精炼讲解	突出要点、强调重点、说做结合、化解难点	培训师讲－学员听、培训师演－学员看、培训师讲－学员思	讲解传授、表演展示、边讲边演	听讲记录、观看欣赏、思考分析
	练习	兴奋点	巩固应用、掌握新知	解决问题、能力生成	精准指点	突破疑点、联系实际、关联类比、感性具体	培训师讲－学员做、学员讲－培训师点、学员享－培训师评	诱引导学、点评判定	模仿练习、讨论陈述、分享感悟
输出	结语	价值点	点评总结	总结提炼	精确总结	浓缩精炼、准确好记	学员总－培训师评、培训师总－学员听	点评判定、总结升华	总结分享、听讲记录

（二）演示法的运用呈现

演示法通常在设备解体与组装、工具仪表检查、技能动作示范等内容教学中使用，主要在技能教学的主体示范、练习辅导等环节中对关键操作点、关键操作要领、关键风险点、关键风险防范等内容进行演示。

演示法运用之前，要明确演示目的和内容，依据课程内容和资源条件，精心提炼演示的内容，选择合适的演示方式和手段，设计合理的演示程序，在授课前要进行多次预演，使演示行为的组织具有逻辑性，做到层次清楚、重点难点突出。培训师必须对演示内容与流程娴熟于心、知行合一。

演示法的运用按学员学习过程"输入－处理－输出"和培训师授课过程"导入－主体－练习－结语"进行展开，在教学策略"传递－接受、引导－发现"的引导下，具体可按演示交代（找准内容切入点）、动作演示（把握内容关键点）、体验分享（抓住内容兴奋点）、精确总结（提炼内容价值点）等步骤进行。演示法运用要领和教学活动设计见表 4-13。

技能类授课

表 4-13 演示法运用要领和教学活动设计

教学过程			教学策略		演示法运用		教学活动		
学习过程	授课过程	核心内容	传递-接受	引导-发现	操作步骤	操作要领（注意事项）	呈现形式	培训师活动	学员活动
输入	导入	切入点	激发动机	提出问题	演示交代	关联主题、吸引注意	培训师引-学员思、培训师讲-学员听	诱引导学、讲解传授	听讲记录、思考分析
处理	主体	关键点	传授新知	分析问题	动作演示、引导观察	突出关键、演讲结合、适时提示、正误比对	培训师演-学员看、培训师讲-学员听、培训师引-学员思	表演展示、边演边讲、讲解传授	观看欣赏、观看听讲、听讲记录、思考分析
	练习	兴奋点	巩固应用、掌握新知	解决问题、能力生成	引导思考、体验分享	突破疑点、语言启发、体验对错、安全控场	培训师引-学员思、学员做-培训师点、学员享-培训师评	诱引导学、点评判定	体验操作、分享感悟
输出	结语	价值点	点评总结	总结提炼	精确总结	精炼要领、形象好记	学员总-培训师评、培训师总-学员听	点评判定、总结升华	总结分享、听讲记录

（三）练习法的运用呈现

练习法主要运用于技能练习环节中的模仿训练、自主训练、能力生成训练等环节中。

练习法运用之前，要明确练习的目的、练习任务内容、练习规则和练习风险等，科学设计合理的练习阶段、各阶段练习方式和练习步骤。在练习前将练习任务合理分段，确定分段训练目标，将复杂任务分解为各任务单元，这样便于学员分段训练、分步训练；同时尽量将各任务单元关键步骤、关键操作要领、关键风险及防范等关键点进行指标量化，并将操作步骤、操作动作命名化，这样便于学员快速领会和便于标准化训练与评估；在练习前还须到现场实地结合场地资源、时间限制、学员人数等进行现场练习推演，使得练习行为的组织更具有科学性、合理性和安全性。

练习法的运用按学员学习过程"输入－处理－输出"和培训师授课过程"导入－主体－练习－结语"进行展开，在教学策略"示范－模仿、体验－领悟"的引导下，具体可按练习交代（找准内容切入点）、分解示范（把握内容关键点）、学员练习（抓住内容兴奋点）、点评总结（提炼内容价值点）等步骤进行。练习法运用要领和教学活动设计见表4-14。

表 4-14 　　　　　　　　　　练习法运用要领和教学活动设计

教学过程			教学策略		练习法运用		教学活动		
学习过程	授课过程	核心内容	示范－模仿	体验－领悟	操作步骤	操作要领（注意事项）	呈现形式	培训师活动	学员活动
输入	导入	切入点	任务安排	创设情境	练习交代	情景设置、任务布置、规则交代、规范强调	培训师引－学员思、培训师引－学员看、培训师讲－学员听	诱引导学	听讲思考、观看听讲、听讲记录
处理	主体	关键点	规范演示、体验感悟	情景体验	分解示范、体验感悟	突出关键、演讲结合、分解动作、放慢动作、标准动作、适时提示、正误比对、动作体验、要领感悟	培训师演－学员看、培训师讲－学员听、培训师引－学员验、培训师导－学员悟	表演示范、边演边讲、引导体验、引导分享	观看欣赏、观看听讲、听讲记录、动作体验、分享感悟
	练习	兴奋点	技能训练、技能生成	反思感悟、转变观念	（步骤）模仿训练、（单元）自主训练、（整体）综合训练	辅导指导、突破难点、反思对错、量化过关、操作整合、巡查矫正、反复练、对接任务、合纵连横、生成技能、安全控场、过程管控	培训师演－学员做、学员做－培训师点、培训师导－学员悟	表演示范、观察引导、辅导纠错、巡查矫正、全程管控	观看领悟、模仿操作、自主练习、综合练习
输出	结语	价值点	点评总结	点评升华	成果分享、点评总结	说做分享、点评痛点、总结关键	学员做－培训师点、学员总－培训师评、培训师总－学员听	点评判定、总结升华	边做边讲、总结分享、听讲记录

（四）任务驱动法的运用呈现

任务驱动法在技能教学中主要用于技能练习环节，让学员完成某项任务作业方案编制并实施，或用于技能考核环节，让学员编制某项技能作业考核标准并用此标准进行考核等。任务驱动法以任务"驱动"学员，调动参训积极性、培养学员解决问题的能力和方法。

任务驱动法的运用需要培训资源足够满足任务要求、学员具备达成任务的基本知识和技能、培训师具有较强的任务设计能力和课程掌控能力。因此，在采用此方法之前，培训师应首先进行培训分析，分析学员能力现状、培训资源调用现状和课程培训任务，明确课程目标、培训学员、培训资源；其次进行任务设计，任务设计必须把握任务契合目标、贴近学员、资源够用、成果可行原则；最后进行教学活动设计，明确教学活动安排和任务要求，包括进度、节点及成果等。

任务驱动法的运用按学员学习过程"输入－处理－输出"和培训师授课过程"导入－主体－练习－结语"进行展开，在教学策略"示范－模仿、体验－领悟"的引导下，具体可按布置任务（找准内容切入点）、设计方案（把握内容关键点）、实施任务（抓住内容兴奋点）、评价总结（提炼内容价值点）等步骤进行。任务驱动法运用要领和教学活动设计见表 4-15。

表 4-15　　　　　　　　　任务驱动法运用要领和教学活动设计

教学过程			教学策略		任务驱动法运用		教学活动		
学习过程	授课过程	核心内容	示范－模仿	体验－领悟	操作步骤	操作要领（注意事项）	呈现形式	培训师活动	学员活动
输入	导入	切入点	任务安排	创设情境	布置任务	设置情景、明确任务、交代规则、强调规范	培训师引－学员思、培训师讲－学员听	创设情境、布置任务	记录思考、接受任务

续表

教学过程			教学策略		任务驱动法运用		教学活动		
处理	主体	关键点	规范演示、体验感悟	情景体验	引导设计、编制方案	目标精准、成果明确、方案规范、方案合理、方案可行	培训师引-学员思、培训师演-学员看、培训师讲-学员听、培训师引-学员做、学员做-培训师评	引导构思、模板展示、边演边讲、引导启发、答疑纠偏	明确任务、理清思路、整合信息、确定目标、编制方案、完成方案
	练习	兴奋点	技能训练、技能生成	反思感悟、转变观念	实施任务、巡查指导	明确分工、按序操作、巡查纠正、过程管控、安全管控	学员做-培训师看、培训师导-学员做、学员做-培训师评	巡视指导、点评纠偏、过程管控、安全管控	角色分工、实施任务、完成成果
输出	结语	价值点	点评总结	点评升华	成果分享、评价总结	成果展示、交流分享、全程评价、归纳提炼、成果应用	学员做-培训师看、学员享-培训师听、培训师评-学员听、培训师总-学员听	观看聆听、点评判定、总结升华	成果展示、边演边讲、体会分享、听讲记录

（五）行动学习法的运用呈现

行动学习法在技能教学中主要用于技能练习环节，让学员解决实际工作中的具体问题，使用团队学习方法，在"干中学"。

行动学习法的运用必须满足学员具有一定工作经验和具备一定的知识技能、培训师具有较强的任务设计能力和过程掌控能力。因此，在采用此方法之前，培训师应首先了解所要执行的任务或所要解决的实际问题背景；其次进行任务设计和教学活动设计，明确教学活动安排和明确任务要求，包括进度、节点及成果等。

行动学习法的运用按学员学习过程"输入－处理－输出"和培训师授课过程"导入－主体－练习－结语"进行展开，在教学策略"示范－模仿、体验－领悟"的引导下，具体可按选定主题（找准内容切入点）、制定方案（把握内容关键点）、实施方案（抓住内容兴奋点）、成果固化（提炼内容价值点）等步骤进行，行动学习法运用要领和教学活动设计见表4-16。

表 4-16　　　　　　　　　行动学习法运用要领和教学活动设计

教学过程			教学策略		行动学习法运用		教学活动		
学习过程	授课过程	核心内容	示范-模仿	体验-领悟	操作步骤	操作要领（注意事项）	呈现形式	培训师活动	学员活动
输入	导入	切入点	任务安排	创设情境	选定主题	设置情景、组建团队、提出问题、重组问题、抓住关键、达成共识	培训师引-学员思、培训师引-学员讨、学员总-培训师点	创设情境、组建团队、布置任务	接受任务、提出问题、说明问题、研讨问题、选定主题
处理	主体	关键点	规范演示、体验感悟	情景体验	团队研讨、制定方案	查找原因、确立目标、提出方案、确定行动	培训师引-学员讨、学员做-培训师导	引导启发、答疑指导、过程管控	团队研讨、确立目标、编制方案、确定行动
	练习	兴奋点	技能训练、技能生成	反思感悟、转变观念	实施方案、问题反思	采取行动、检查效果、发现问题、循环解决	学员做-培训师引	巡视引导、过程管控	角色分工、实施方案、检查效果、发现问题、问题反思、修正方案、重新实施
输出	结语	价值点	点评总结	点评升华	总结成果、成果固化	分享成果、评价成果、完善成果、固化成果	学员做-培训师看、学员享-培训师听、学员评-培训师评、学员做-培训师导	观看聆听、点评指导、过程管控	成果展示、边演边讲、评价研讨、完善固化、提交成果

（六）情景模拟法的运用呈现

　　情景模拟法在技能教学中主要用于技能教学各环节中，一般通过典型工作任务创设情景，让学员在情景中体验和领悟技能动作要领。

　　情景模拟法的运用受情景呈现方式的限制，同时要求培训师具有较强的情景设计能力和过程掌控能力。因此，在采用此方法之前，培训师应首先综合考虑培训目标、内容、资源、对象等因素创设情景，选择情景呈现方式（实物实景、实物虚景、虚物实景）；其次进行情景设计（包括目标、环境、角色、过程、评价等设计）；最后进行情景培训预演，检验情景设计的合理性、操作性，培训师必须对情景设计内容和教学过程娴熟于心、应用自如。

情景模拟法的运用按学员学习过程"输入－处理－输出"和培训师授课过程"导入－主体－练习－结语"进行展开，在教学策略"示范－模仿、体验－领悟"的引导下，具体可按情景布置（找准内容切入点），情景示范、模仿体验（把握内容关键点）、情景演绎、效果检查（抓住内容兴奋点）、分享点评、感悟升华（提炼内容价值点）等步骤进行。情景模拟法运用要领和教学活动设计见表4-17。

表4-17 情景模拟法运用要领和教学活动设计

教学过程			教学策略		情景模拟法运用		教学活动		
学习过程	授课过程	核心内容	示范－模仿	体验－领悟	操作步骤	操作要领（注意事项）	呈现形式	培训师活动	学员活动
输入	导入	切入点	任务安排	创设情境	情景布置	交代情景、布置任务、分配角色	培训师导－学员听、培训师引－学员思	诱引导学	听讲记录、角色思考
处理	主体	关键点	规范演示、体验感悟	情景体验	情景示范、模仿体验	突出关键、演讲结合、适时提示、正误比对、角色体验、要领感悟	培训师演－学员看、培训师讲－学员听、培训师引－学员验、培训师导－学员悟	情景示范、边演边讲、引导体验、指导要领	观看思考、观看听讲、听讲记录、角色体验、要领分享
	练习	兴奋点	技能训练、技能生成	反思感悟、转变观念	情景演绎、效果检查	角色扮演、情景演绎、反思感悟、巡视记录、检查点评、过程管控	培训师引－学员演、学员演－培训师看、学员演－培训师点	观看记录、检查点评、过程管控	角色扮演、过程演绎、观察记录
输出	结语	价值点	点评总结	点评升华	分享点评、感悟升华	分享自评、点评归纳、提炼升华	学员讲－培训师点、学员总－培训师评、培训师引－学员总	点评引导、归纳总结	学员自评、听讲记录、提炼升华

四、培训方法综合运用

在教学设计和教学实施时，培训师应综合考虑各影响因素，结合目标导向原则和策略引导原则，按教学流程进行培训方法选用。技能类授课主要包括导入（教学开场）、主体（讲解示范）、练习（技能训练）、结语（教学总结）等教学环节。教学环节、教学策略和培训方法选用见表 4-18。

表 4-18　　　　　　　教学环节、教学策略和培训方法选用

教学环节	主要策略形式	主要培训方法	备注
导入（教学开场）	培训师讲-学员听、培训师引-学员思、培训师演-学员看	讲授法、演示法、提问法	讲为主，讲演问结合
主体（讲解示范）	培训师做-学员做、培训师讲-学员听	演示法、演练法、情景模拟法、讲授法、提问法	演为主，演讲问结合
练习（技能训练）	学员做-培训师评、学员讲-培训师评	练习法、情景模拟法、任务驱动法、行动任务法、提问法、讲授法	练为主，练演评结合
结语（教学总结）	学员讲-培训师评、培训师讲-学员听	讲授法、演示法、提问法	评为主，问评讲结合

一般选用能够相互补充配合的方法组合使用，在不同的教学环节，根据目标和内容特点，以学员为中心，以一种方法为主线，以一种或多种方法为辅设计教学活动，强化培训效果。

◎ 必备技能

必备技能 4-2：按授课环节选用合适的培训方法

具体内容在必备技能 4-3 中体现。

✨ 案例分享

案例分享 4-2：《低压三相四线电能表装表接电技能培训》培训方法选用

具体内容在案例分享 4-3 中体现。

👆 **要点回顾**

本节重点介绍了技能类授课培训方法选用要求、运用呈现和综合运用等内容。其中方法选用着重考虑内容特点、资源特点、时间安排、学员特点、方法本身特点和培训师专长等影响因素，遵循层次定位原则和策略引导原则，按教学环节综合选用合适的培训方法。

第四节　教学实施环节的设计（设环节）

🎯 **关键要点**

培训师在完成教学整体设计后，按教学实施设计思路进行导入、主体、练习、结语各授课呈现环节设计。教学环节设计重点在选用培训方法、设计教学流程和教学活动。教学实施环节设计思路如图 4-7 所示。

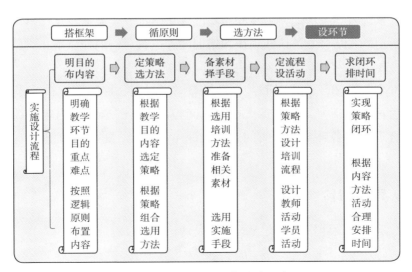

图 4-7　教学实施环节设计思路

📝 必要知识

一、设计步骤

教学环节设计步骤包括以下五步：

第一步，明目的、布内容。培训师首先要明确各环节的教学目的或目标，明确各环节教学主题及教学要点，特别是教学重点难点等关键点，然后对其教学内容进行逻辑布置，即按教学时间逻辑进行内容关键点顺序布置，紧紧抓住内容主线。

第二步，定策略、选方法。针对各教学环节的各个授课主题进行教学策略选择，在教学策略引导下，选用合适的教学方法，为了保证教学效果，最好选用多种教学方法进行授课。一般以一种方法为主，一种或多种方法为辅，进行组合运用。

第三步，备素材、择手段。根据教学内容和选用的教学方法，精心准备因运用特定的培训方法而需要特别准备的教学素材，选择合适的教学实施手段呈现素材。比如，演示法要准备演示道具，情景模拟法要准备"物"和"景"等素材和手段。

第四步，定流程、设活动。针对某教学主题，根据选定的教学策略和教学方法，以主选教学方法的典型步骤为基准优化确定教学流程，设计培训师活动和学员活动，并结合学员认知规律和培训内容逻辑对培训师活动和学员活动进行排序。

第五步，求闭环、排时间。在设计教学活动时，必须寻求内容及策略闭环，然后再进行下一主题授课。在总时间控制内，综合授课内容、教学活动等因素合理分配各环节授课时间、各授课主题时间，进行进度节点有效合理安排。

二、导入设计

按教学环节设计步骤进行导入环节设计，具体设计成果见表4-19。

表4-19

教学实施环节设计成果表

一、课程导入设计

导入呈现思路		导入呈现内容	导入方法	培训手段	授课流程 教学活动	授课时长	备注
情景设置	自我介绍	个人信息 + 专业背景 + 工作经历					针对技能项 目总体说明
	情景介绍	项目介绍 + 前情回顾 + 任务交代					
	规则交代	考勤分组 + 纪律强调 + 安全交底					
主题导入	导入内容						
	导入结论						
	导入点题						
开场预告	预告任务 目标						
	预告流程 步骤						
	预告培训 风险						
	预告教学 安排						方法手段 教学环节 时间安排

总时长（　）分钟

技能类授课

二、课程主体设计

续表　　　　　　　　　　　　　　　　　　　　　　　　　　　　　　　　总时长（ ）分钟

任务单元	呈现思路	主体呈现内容					培训方法	培训手段	授课流程教学活动	授课时长	备注
		（一级标题）操作步骤	（二级标题）关键操作点	关键操作行为关键操作要领	关键风险点	关键风险防控					
	导入										
	主体										
	练习										练习前关键交代
	结语										理脉络找中心

续表

三、课程综合练习设计　　　　　　　　　　　　　　　　　　　　　　　　总时长（　）分钟

序号	练习名称	练习目标	练习方法	练习手段	练习流程教学活动	练习时长	练习前关键交代（规则、风险）	备注
训练任务1								
训练任务2								
训练任务3								

四、课程结语设计　　　　　　　　　　　　　　　　　　　　　　　　　　总时长（　）分钟

结语呈现内容		总结方法	总结手段	教学流程教学活动	总结时长	备注
总结回顾（找中心）	梳理内容（步骤）					
	概况中心（价值点）					
	提炼升华					
学习延展（结指引）	应用升华					
	推荐新知					

第一步，明目的、布内容。技能类授课导入环节的教学目的是找准培训的切入点、吸引学员参训，具体呈现内容一般包括情景设置、导入主题、开场预告三方面。此处"布内容"着重指"导入主题""导入内容、导入结论、导入点题"。

第二步，定策略、选方法。技能类授课导入环节一般选用"传递－接受和引导－发现"策略，以"培训师讲－学员听、培训师演－学员看、培训师引－学员思"形式呈现，一般选用"讲授法"为主、"情景模拟法＋演示法＋提问法"为辅。若不采用开门见山的导入主题方式，选方法还包括选用导入主题的方法。

第三步，备素材、择手段。技能类授课导入环节需准备情景素材或工具教具等素材手段。

第四步，定流程、设活动。技能类授课导入环节流程为"情景设置＋导入主题＋开场预告"三步曲，其教学活动根据选用的策略和方法设计，比如其中"情景设置"活动可设为培训师讲"自我介绍＋项目介绍"＋学员听讲；培训师引导提问"前情回顾"＋学员回顾回答；培训师讲"任务交代"＋学员听讲记录。

第五步，求闭环、排时间。技能类授课导入环节的闭环体现在导入与主体间的承上启下和逻辑过渡；导入环节时间一般以培训师正常速度作业时间的1~2倍时间控制或一般控制在一节课的10%~15%之间（以一节课45min能完成技能授课为参考）。

三、主体设计

按教学环节设计步骤进行主体环节设计，具体设计框架成果见表4-18。

第一步，明目的、布内容。技能类授课主体环节的教学目的是传授技能关键点，突出要点、突破疑点、强调重点、化解难点。具体内容呈现按内容大纲目录分级呈现，重点呈现末级标题下的关键操作点、关键操作要领、关键操作风险点、关键风险防范措施等内容。主体部分纵向以操作步骤为主线，横向布置各步骤下的关键内容。

第二步，定策略、选方法。技能类授课主体环节一般选用"传递－接受、示范－模仿"策略，以"培训师讲－学员听、培训师演－学员看、培训师引－

学员演"等形式呈现，一般选用"演示法"为主，"讲授法＋情景模拟法＋提问法"为辅，着重突出培训师示范和讲解两个行为。

第三步，备素材、择手段。技能类授课主体环节需准备现场实物情景和工器具等素材手段。

第四步，定流程、设活动。技能类授课主体环节授课流程一般按"总－分－总"逻辑，以步骤为单元展开，具体流程可设计为"讲解＋演示＋边演边讲＋引导体验＋讲解"或"演示＋边讲边演示＋演示＋引导体验＋讲解"，按流程设计培训师活动和学员活动。

第五步，求闭环、排时间。技能类授课主体环节的闭环体现在主体关键点小结及与练习环节的承上启下和逻辑过渡；主体授课时间一般以培训师正常速度作业时间的 3~5 倍时间控制。

四、练习设计

按教学环节设计步骤进行练习环节设计，具体设计框架成果见表 4-18。

第一步，明目的、布内容。技能类授课练习环节是技能类授课的重要环节，其教学目的是让学员生成技能、掌握技能。练习内容要根据培训目标，结合学员实际和资源现状等因素进行精心设计，具体呈现内容包括训练目标、训练项目、训练内容、训练规则、训练风险等。

第二步，定策略、选方法。技能类授课练习环节一般选用"示范－模仿、体验－感悟、引导－发现"策略，以"培训师做－学员做、学员做－培训师评、培训师导－学员悟"等形式呈现，一般选用"练习法或任务驱动法或情景模拟法"中的一种为主，"演示法＋讲授法＋提问法"等为辅，着重突出学员做和培训师导的行为。

第三步，备素材、择手段。技能类授课练习环节需准备现场训练用的实物情景和工器具等素材手段。

第四步，定流程、设活动。技能类授课练习环节授课流程一般分模仿训练、自主训练、综合训练三阶段进行，每阶段按练习"前－中－后"流程展开，按流程设计培训师活动和学员活动。

第五步，求闭环、排时间。技能类授课练习环节的闭环体现在练习后点评总结及与结语环节的承上启下和逻辑过渡；练习环节授课时间一般以培训师正常速度作业时间的 3~6 倍时间控制。

五、结语设计

按教学环节设计步骤进行结语环节设计，具体设计框架成果见表 4-18。

第一步，明目的、布内容。技能类授课结语环节是技能类授课的画龙点睛之处，体现内容的价值点。结语呈现内容主要是梳理技能操作脉络、概括技能操作关键点、应用延展升华等。

第二步，定策略、选方法。技能类授课结语环节一般选用"传递－接受、引导－发现"策略，以"培训师引－学员讲、学员讲－培训师评、培训师讲－学员听"等形式呈现，一般选用"讲授法"为主，"提问法＋演示法"等为辅，着重突出学员讲的行为。

第三步，备素材、择手段。技能类授课结语环节需准备与总结方式相匹配的有关素材手段。

第四步，定流程、设活动。技能类授课结语环节一般按"梳理步骤－概括中心－提炼升华－应用升华－推荐新知－致谢收官"流程展开，按流程设计培训师活动和学员活动。

第五步，求闭环、排时间。技能类授课结语环节的闭环体现在回顾总结过渡到应用升华；结语环节授课时间一般以培训师正常速度作业时间的 1~2 倍时间控制或一般控制在一节课的 10%~15% 之间（以一节课 45min 能完成技能授课为参考）。

✿ 必备技能

必备技能 4-3：完成教学实施环节设计

场景描述

在完成教学整体设计的基础上，按照教学设计原则和教学实施设计步骤完成教学实施环节设计。

操作步骤及要领

第一步：导入环节设计。重点设计导入主题、开场预告和教学活动。

第二步：主体环节设计。重点设计主体内容：关键操作要领、关键操作风险、关键风险防控和教学活动。

第三步：练习环节设计。重点设计练习内容和练习前关键交代。

第四步：结语环节设计。重点设计总结回顾：概括中心和教学活动。

案例分享

案例分享 4-3：《低压三相四线电能表装表接电技能培训》教学实施环节设计

案例场景

廖某某培训师已完成《低压三相四线电能表装表接电技能培训》教学整体设计，根据教学实施环节设计要求完成《低压三相四线电能表装表接电技能培训》教学实施环节设计，其设计成果见【二维码 4-2】。

【二维码 4-2】

案例分享 4-3：《低压三相四线电能表装表接电技能培训》教学实施环节设计

融会贯通

训练任务 4-2：教学实施环节设计

训练任务：根据背景材料完成《×××》技能教学环节设计。

场景材料：给出《×××》课程目标、教学整体设计。

训练要求：小组学员根据以上场景材料，集体讨论完成教学实施设计，并将小组成果填入【二维码 4-3】教学环节设计表中；完成时间控制在 30min 内。

【二维码 4-3】

训练任务 4-2：教学实施环节设计

要点回顾

本节重点介绍了教学环节设计步骤及导入、主体、练习、结语各环节设计的具体内容。每个环节按明目的、布内容，定策略、选方法，备素材、择手段，定流程、设活动，求闭环、排时间五步进行教学实施设计，重点设计教学流程和教学活动。

✅ 实践案例

实践案例 4-1：《变压器铁芯及夹件泄漏电流测量技能培训》教学实施环节设计

案例场景

韩某某培训师在《变压器铁芯及夹件泄漏电流测量技能培训》课程授课大纲基础上，根据教学设计原则和构思，完成了《变压器铁芯及夹件泄漏电流测量技能培训》教学整体设计和教学实施环节设计，其设计成果见【二维码4-4】。

【二维码 4-4】

实践案例 4-1：
《变压器铁芯及夹件泄漏电流测量技能培训》教学实施环节设计

实践案例 4-2：《钳表法测量架空线路杆塔接地电阻技能培训》教学实施环节设计

案例场景

李某某培训师在《钳表法测量架空线路杆塔接地电阻技能培训》课程授课大纲基础上，根据教学设计原则和构思，完成了《钳表法测量架空线路杆塔接地电阻技能培训》教学整体设计和教学环节设计，其设计成果见【二维码4-5】。

【二维码 4-5】

实践案例 4-2：
《钳表法测量架空线路杆塔接地电阻技能培训》教学实施环节设计

实践案例 4-3：《10kV 架空线路柱上开关的停电操作（运行转冷备用）技能培训》教学实施设计

实践案例 4-3：《10kV架空线路柱上开关的停电操作（运行转冷备用）技能培训》教学实施环节设计

案例场景

郑某某培训师在《10kV 架空线路柱上开关的停电操作（运行转冷备用）技能培训》课程授课大纲基础上，根据教学设计原则和构思，完成了《10kV 架空线路柱上开关的停电操作（运行转冷备用）技能培训》教学整体设计和教学实施环节设计，其设计成果见【二维码 4-6】。

▶ **本章小结**

本章重点介绍了教学设计原则与构思、培训方法选用与呈现和教学环节设计步骤。

教学设计整体思路是明要素搭框架、循原则理思路、按要求选方法、按步骤设环节。

遵循教学设计目标导向原则、认知规律原则、逻辑规律原则、策略引导原则进行教学整体设计和教学实施设计。

教学整体设计要素包括课程目标、内容大纲、重点难点、培训资源、培评方式、培训风险、教学模式七要素。

教学实施设计以教学环节为流程、以大纲内容为主线，按照明目的、布内容，定策略、选方法，备素材、择手段，定流程、设活动，求闭环、排时间的设计步骤进行各环节横向教学内容、教学方法、教学手段、教学活动、教学时间五线设计。

▶ **培训目标**

任务目标：

能根据教学设计和技能项目作业要求完成实训风险辨识、风险预控、场地准备、师资准备、资料准备。

知识目标：

（1）正确描述技能培训风险因素内涵、风险辨识和预控方法。

（2）正确简述技能实训场地准备的内容、依据和步骤。

（3）正确简述技能实训师资准备的内容、依据和步骤。

（4）正确简述技能实训资料准备的内容、依据和步骤。

▶ **内容导图**

教学准备是教学能顺利实施的物质保障，在完成教学设计后，培训师应根据教学设计和实训项目作业要求进行培训风险辨识与预控、场地准备、师资准备、资料准备。教学准备内容导图如图 5-1 所示。

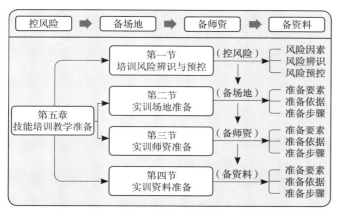

图 5-1　教学准备内容导图

第一节 培训风险辨识与预控（控风险）

🎯 关键要点

技能项目实训等同于实际作业，必须坚持"安全第一、预防为主"的安全工作方针，培训师在授课前第一步必须进行实训风险辨识和做好实训风险防控措施。本节主要包括安全风险概述、培训风险因素、培训风险辨识、培训风险预控等内容。其中培训风险辨识和预控为重点，风险辨识为难点。培训风险辨识与预控关键要点如图 5-2 所示。

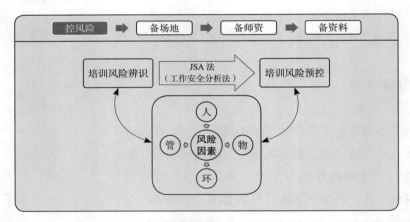

图 5-2　培训风险辨识与预控关键要点

📝 必要知识

一、安全风险概述

（一）风险概念

在谈及风险辨识、风险评估时通常会涉及危险、事故、风险三个概念。

危险是指导致损失（人员伤害、系统设备损坏、环境破坏等）的任何真实或潜在的条件，是事故的前兆；事故是指导致损失的不希望发生的事件。

　　危险发展为事故，必须同时满足"危险三角形"的危险因素（危险源）、触发机理（触发事件）、威胁目标（人或设备面对伤害、损失的脆弱性，反应事故的严重度）三个条件。危险与事故为同一实体，处不同状态。危险三角形关系如图5-3所示。

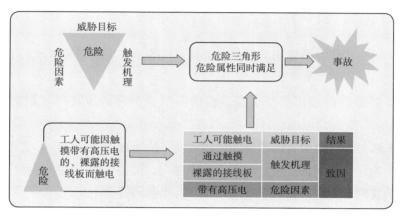

图5-3　危险三角形关系图

　　风险是危险发生的可能性（概率）和危险后果（损失及程度）的组合。风险三要素包括风险因素（又称风险点，指导致损失的地点、部位、场所、工器具、动作、行为等）、风险事故、风险损失。风险三要素关系如图5-4所示。

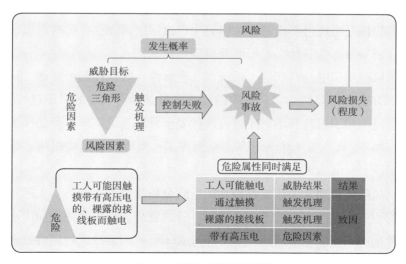

图5-4　风险三要素关系图

（二）风险因素

风险因素是指可能导致人身伤害、设备损害等情况发生的条件或行为，危险因素及触发机理统称为风险因素。现场作业安全风险因素一般包括人、机、料、法、环五个方面。

（1）人是指在作业现场的所有人员，人的不安全行为是事故发生的最直接因素之一。

（2）机是指作业所使用的设备、工具，机的不安全状态是事故发生的最直接因素之一。

（3）料是指作业用料、备品，料的不足或不合格也将严重影响作业的安全。

（4）法是指作业中所需遵循的法则制度，法通过管理来实现。管理欠缺是事故发生的间接原因，是重要因素，管理对人、机、环境产生影响和作用，包括对人的管理不当、对物的管理不到位、对作业的管理不到位。

（5）环是指作业工作环境，环境的恶劣影响人的行为和对机产生不良的作用，是构成事故的重要因素。

通常将上述的"机和料"统称为物的因素、"法"称为管的因素，因此"人、物、环、管"称为风险四要素，以下内容将从这四方面进行描述。

（三）风险辨识

风险辨识是指通过一定的方法辨识生产过程中可能存在哪些隐患、危险、事故？其后果及影响是什么？原因及机理是什么？

培训风险辨识坚持科学性、系统性、全面性、准确性四个原则。科学性指风险辨识方法选择要科学，对危险的描述要科学、对风险的辨识过程要科学；系统性指风险辨识过程和结果要符合现代安全管理系统要求；全面性指从人、物（机、料）、环、管（法）等方面全面辨识；准确性指危险描述、等级划分等要准确。

培训风险辨识通常采用定性的系统危险分析法辨识风险，从人的不安全行为、物的不安全状态、环的不安全因素、管的管理失误等系统全面辨识所有风险，通常采用工作安全分析法（Job Safety Analysis，JSA）进行定性分析辨识。其风险辨识步骤如下：

第一步，工作任务分析。将技能培训项目按作业流程划分为独立的任务单元，将每个任务单元细分为作业步骤。

第二步，逐步辨识风险点。从人的不安全行为、物的不安全状态、环的不安全因素、管的管理失误等方面逐步分析风险点。

第三步，针对风险点确定对策。

二、培训风险因素

培训风险因素是指在特定的培训场景中可能产生的安全风险因素，具体可以从培训现场的人、物(机、料)、环、管（法）入手分析，即从培训人员、培训设备和材料、培训环境、培训管理等因素分析培训风险。

（1）"人"指培训人员，包括培训师、学员、现场工作人员及培训场地周边的其他人员。

（2）"物"指培训设备和材料，包括培训现场的所有设备、仪器、仪表、工器具及培训中涉及的物品、资料、耗材等。

（3）"环"指培训环境，包括培训的空间环境及其中可直接或间接影响人活动的各种自然因素，如温度、湿度、照明、通风、噪声等。

（4）"管（法）"指培训管理，包括培训制度执行、培训现场管理、培训设备管理、培训学员管理等方面。

三、培训风险辨识

从培训流程（准备、实施、收尾）为主线，具体以实训项目作业步骤（作业准备、作业检查、作业操作、作业终结）次序，按流程按步骤采用 JSA 法从人的不安全行为、物的不安全状态、环的不安全因素、管的管理失误等四个方面进行风险辨识，JSA 法风险辨识如表 5-1 所示。

1. 人的不安全行为

重点分析培训师和学员，实训场地其他人员也不放过。培训师技能操作不熟练、未按规定着装、精神状态不佳、作业过程中不按规程作业等；学员未按规定着装、精神状态不佳、不按规定操作等；场地其他人员擅自进入实训区域、动用场地设备和安全设施等人的不安全行为都是风险点。

2. 物的不安全状态

重点分析主要设备工作状态和安全工器具、安全设施合格合规等。实训设备停电与带电状态、设备静止与运动状态、设备工作正常与故障、安全工器具合格与否、安全防护设施合格与否、辅材或耗材是否合规等物的状态改变都会产生风险。

3. 环的不安全因素

重点分析作业环境因素对作业的影响，特别是环境突然改变。作业场地状况（室内与室外、地面与高空、带电与不带电）及环境参数（温度、湿度、照明、噪声、辐射等）对作业的影响，天气环境（高温、打雷、下雨、刮风等）及突变等都可能产生风险。

4. 管的管控失误

重点分析安全制度是否执行到位、实训纪律是否执行到位、实训过程安全监管是否到位、作业标准是否执行到位等。

四、培训风险预控

培训师对接收的技能类培训任务进行风险辨识后，接下来就要进行风险预控。风险预控是指针对风险要素（人、物、环、管）采取相应的对策或控制措施的过程，其目的是化解风险或者将风险的等级降低，防患于未然。综合各风险及预控措施，在实训前做好必要的安全措施，保证实训顺利开展，实训中加强安全管控。在实训前主要做好如下安全措施：

（1）针对人的预控措施。培训师和教练提前进行操作演练和授课演练、调适良好的精神状态。

（2）针对物的预控措施。勘查现场设备设施，保证设备设施功能齐全、完好，提前调适到实训需要的状态；准备好合格的安全工器具和备品耗材；在实训场地布置符合实训项目要求的安全防护设施，封闭实训场地。

（3）针对环的预控措施。针对实训场地和实训环境参数，做好环境变化的补偿措施。

（4）针对管的预控措施。建立实训安全管理制度和应急处置机制，编制实训作业指导书等。

✿ 必备技能

必备技能 5-1：实训前做好风险辨识和预控措施

场景描述

培训师在完成教学实施设计后，根据技能项目作业过程开展培训风险辨识，并提出相应防控措施，在后序培训准备时做好预控措施，保证培训顺利开展。

操作步骤及要领

第一步：明确培训环节任务。以技能教学设计为依据，明确技能培训各环节工作内容。

第二步：各环节工作任务分析。将技能培训项目按作业流程划分为独立的任务单元，将每个任务单元细分为作业步骤。

第三步：对各项工作任务逐步辨识风险点。从人的不安全行为、物的不安全状态、环的不安全因素、管的管理失误等方面逐步分析风险点。

第四步：针对风险点确定对策。

第五步：综合分析评估，确定培训风险及预控措施（与教学设计及开场预告的培训风险对应）。将风险辨识与预控内容填入表 5-1。

表 5-1　　　　　　　　　　　风险辨识与预控内容

实训项目信息	项目名称		培训时间			
	项目目标		学员情况			
	培评方式		师资配置			
基地场地信息	工作区域（实训室）		现有工位		实训分组	

实训教学流程	人的不安全行为		物的不安全状态		环的不安全因素		管的管控失误	
	风险点	防控措施	风险点	防控措施	风险点	防控措施	风险点	防控措施

续表

实训准备（含作业准备）									
实训实施	作业检查								
	作业操作								
	作业终结								
实训收尾（含作业收尾）									
培训风险	风险评估								
	风险预控								

🤲 案例分享

案例分享 5-1：《低压三相四线电能表装表接电技能培训》风险辨识与预控

案例场景

廖某某培训师已完成《低压三相四线电能表装表接电技能培训》教学设计，根据教学设计和技能项目作业要求完成《低压三相四线电能表装表接电技能培训》风险评估与预控工作，其成果见【二维码 5-1】。

【二维码 5-1】

案例分享 5-1：《低压三相四线电能表装表接电技能培训》风险辨识与预控

💬 融会贯通

训练任务 5-1：实训风险辨识与预控

训练任务：根据背景材料完成《×××》技能实训项目的风险辨识与预控。

场景材料：给出《×××》课程目标、教学整体设计。

训练要求：小组学员根据以上场景材料，集体讨论完成实训项目的培训风险辨识与预控措施，并将小组成果填入表 5-1；完成时间控制在 30min 内。

🖑 **要点回顾**

本节重点介绍了培训风险辨识和风险预控等内容。培训风险辨识与预控采用 JSA 风险辨识法从人（培训现场人员）、物（培训场地设备、设施、工具、耗材等）、环（培训空间环境、自然环境、天气环境等）、管（培训管理制度、实训纪律、实训现场管控等）四个方面进行辨识，针对性采取应对控制措施。

第二节　**实训场地准备**（备场地）

◎ **关键要点**

实训场地准备是实训能顺利进行的设施保障，实训场地准备主要从设备设施、工位配置、工具耗材、安全防护设施等方面进行准备，场地准备要素和场地准备步骤为本节重点。实训场地准备关键要点如图 5-5 所示。

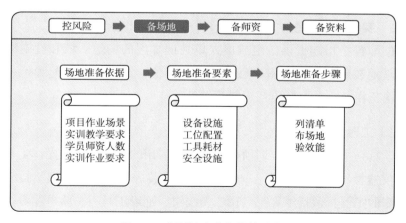

图 5-5　实训场地准备关键要点

✎ 必要知识

一、实训场地准备的概述

实训场地准备是指在实施技能实训教学前，培训师根据技能实训项目的要求，选择实训室（实训区域），列出实训设备器材清单，现场按功能布置和校验有关场地准备工作。具体设备器材配置由实训基地工作人员按实训器材清单配置。

实训场地准备到位是确保技能实训正常进行的基本保障，培训场地内设备器材应完好、齐备，标识规范、清晰，场地布置规范、标准，安全措施布置到位。

二、实训场地准备要素

（一）实训设备设施

实训设备设施是指技能实训项目所涉及的必备设备设施和辅材，根据技能项目所属类别、细分专业和作业对象等确定必备设施和辅材。比如：《低压三相四线电能表装表接电技能培训》项目中的装表箱或装表柜、三相电能表、低压互感器等为必备设备设施，安装用的螺钉、垫片等为辅材。

（二）实训工位配置

工位配置是指能提供单组或单人单独训练用的场地区域和设施配置。比如：某基地装表接电实训室中三个独立的工位，每个工位都配置了一个装表箱、一块三相表、三个低压互感器等设备。

（三）工器具及耗材

工器具是指完成技能实训项目操作所必需用的安全工具、操作工具和测量仪表、仪器等。比如：《低压三相四线电能表装表接电技能培训》技能实训过程中必需的工器具包括绝缘工具钳、剥线钳、绝缘工具刀、验电器等。通常按工位成套配置。

耗材是指在实训过程中所消耗的材料。比如：《低压三相四线电能表装表接电技能培训》实训过程中必需耗材包括三色电线、绝缘胶布等。

（四）安全防护设施

安全防护设施是指在实训前布置的安全设施和实训过程中涉及安全防护用设施等，如安全标识牌、安全围栏、消防器材等。

三、实训场地准备依据

实训场地准备主要依据实训项目作业场景及目标、参训学员人数及师资配置、实训项目作业流程及作业要求等因素进行场地准备。

（一）实训项目作业场景

培训师首先应根据实训项目名称和项目作业场景要求，结合实训基地实训场地的配置，确定选用开展实训项目的空间及环境，明确开展此项目的实训室（或实训区域）。

（二）技能实训及考核要求

根据项目实训及考核要求，拟定实训项目单工位主要设备器材清单和安全设施要求。

（三）学员人数及师资配备

根据参训学员人数和师资配备情况，初步确定实训分组，依据分组提出工位需求，与实训基地实际工位比对确定实际学员分组和工位需求。

（四）作业流程和作业要求

根据作业流程和作业要求，提出实训项目单工位所需工器具、仪器仪表、耗材备品及安全防护设施等。

四、实训场地准备步骤

（一）列场地物质需求清单（列清单）

培训师将技能培训项目所需的工位配置、设备设施、工器具及耗材、安全防护措施等以清单的形式列出来，提交给实训基地相关工作人员，基地工作人员按清单进行实训场地准备。

（二）布置实训场地及工位（布场地）

培训师结合实训基地场地及工位配置情况提出实训项目场地及工位布置要求，画出实训场地及工位设备设施布置图，交由实训基地工作人员按图布置场地和工位，培训师必须在实训前去实训现场对场地及工位布置进行现场检查和确认；或培训师资团队到实训基地，在基地工作人员配合下根据实训实际需要布置场地，准备设备设施等。

（三）核查场地实训功能（验效能）

无论是基地工作人员准备场地，还是培训师本人准备场地，都需要根据实训要求和实训目标进行现场场地核查，要对布置的设备设施、工器具及安全设施等进行齐全性、完好性、规范性、安全性检查。还要检查场地布置的合理性，进行模拟实训演练，确认场地布置的合理性，检查否能达到技能训练的功能要求，否则需要重新调整、布置。

✿ 必备技能

必备技能 5-2：根据实训项目要求完成实训场地准备

场景描述

依据技能授课教学设计，在完成了实训培训风险评估后，培训师根据项目实训要求完成给定实训项目场地布置。

操作步骤及要领

第一步：明要求。领会教学设计，明确实训项目信息，明确实训项目、课程目标、教学模式、培训学员人数及师资配置等。

第二步：列清单。列场地需求清单。

第三步：布场地。布置实训场地及工位。

第四步：验效能。检查场地实训功能。

按上述步骤完成给定实训项目的实训场地准备，填写实训场地准备表单，见表5-2。

表5-2

实训场地准备表单

实训项目信息	项目名称		培训时间	年 月 日至 月 日，共 天
	项目目标		学员情况	男 人，女 人，共 人
	培训方式		师资配置	培训师 人、教练 人

基地场地信息	工作区域（实训室）	实训分组	现有工位数

配置清单（单个工位）	列清单				布场地		验效能（符合√、不符合×）					整体合理性（调整要求）
	分类	名称	规格	数量	单项布置要求	整体布置要求	齐全性	完好性	规范性	安全性	合理性	
	主要设备											
	辅助设备											
	仪器仪表											
	安全工具											
	其他工具											
	备品耗材											
	安全设施											
	其他需求											

🎏 案例分享

案例分享 5-2：《低压三相四线电能表装表接电技能培训》实训场地准备表单

【二维码 5-2】

案例分享 5-2：《低压三相四线电能表装表接电技能培训》实训场地准备表单

　案例场景

廖某某培训师已完成《低压三相四线电能表装表接电技能培训》教学设计和培训风险评估，根据教学设计和技能项目作业要求完成《低压三相四线电能表安装技能培训》场地准备工作，其场地准备表单见【二维码 5-2】。

💬 融会贯通

训练任务 5-2：实训场地准备

训练任务：根据背景材料完成《×××》技能实训项目的场地准备。

场景材料：给出《×××》课程目标、教学整体设计、教学实施设计。

训练要求：小组学员根据以上场景材料，集体讨论完成实训项目的场地准备内容，并将小组成果填入表 5-2；完成时间控制在 30min 内。

👆 要点回顾

本节重点介绍了场地准备要素、依据、步骤。其中依据项目作业场景、实训教学要求、学员师资人数、实训作业要求等准备设备设施、工位配置、工具耗材、安全设施，并列出场地准备清单，按要求布置场地，培训师现场按清单验收场地准备的齐全性、完好性、规范性、安全性、合理性。

第三节 实训师资准备（备师资）

🎯 关键要点

实训师资准备是实训教学顺利实施的根本保障。师资准备主要从师资人员、师资技能、师资状态准备等方面准备。本节主要介绍师资准备要素、依据和步骤等内容，其师资准备内容和步骤为重点。师资准备关键要点如图 5-6 所示。

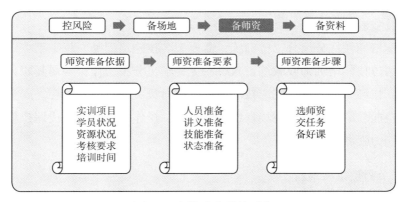

图 5-6 师资准备关键要点

✍ 必需知识

一、师资准备概述

培训师资准备是指在培训实施前根据培训任务预先选定培训师资，对师资团队构成、任务分工、授课技能等按计划做好相关准备工作。

培训师资准备到位是确保技能实训正常进行的根本保障，直接关系到培训的成败。若师资选用不当、师资不按要求就位、师资不按要求授课、师资授课技能不娴熟等都会大大影响培训效率和效果。

对技能类师资一般选用系统内专业培训师，也可邀请行业内同专业的外部技能培训师。技能培训师资的选择，要根据实训的内容、学员能力等级等邀请有适合资质（原则师资资质比学员能力等级要高一个级别及以上）的专业培训师担任。

二、师资准备要素

（一）师资人员准备

1. 主讲培训师

师资准备第一要素就是选择主讲培训师，主讲培训师是整个技能培训项目教学领头人，负责按照培训项目策划书要求进行教学实施规划，带领师资团队进行课程大纲编制和教学整体设计，负责教学过程和教学质量宏观管控。因此，主讲培训师必须邀请专业技能过硬、授课技能娴熟、培训组织能力强、培训讲义开发能力强的培训师担任。

2. 技能教练

技能培训往往分组分工位训练，需要多名技能培训师。每个工位或小组一般需有两位技能培训师或教练，教练一主一辅，分工协作，各司其职，主要负责组织、指导、辅导学员完成技能训练，同时负责现场教学管控、安全管控。因此，技能教练必须邀请现场操作经验丰富、操作技能娴熟、授课技能强、现场管控能力强的培训师担任。

（二）师资讲义准备

同一技能培训项目，多位师资授课，往往会出现各自为阵，各搞一套，导致授课内容不统一、技能操作示范不统一、进度节点不统一、技能标准把握不统一、分段训练师资前后衔接不统一等问题出现。因此，师资讲义准备就显得十分重要，培训时要求师资讲义统一标准化。师资讲义或实训作业指导书由主讲培训师牵头，组织教练团队集体备课，编制统一的师资讲义或实训作业指导书；若已有标准的师资讲义或实训作业指导书，主讲培训师应组织教练团队集体研讨学习，统一思想、统一内容、统一流程。对分段训练的，后序师资应与前序师资做好交接，后序师资承接前序内容，按师资讲义或实训作业指导书进行训练，确保前后思路一致。

（三）师资技能准备

为了确保教学顺利实施和教学效果，主讲培训师、教练在授课实施前应开展操作技能演练和授课技能演练，熟悉并检验培训内容、授课流程、授课方法、操作流程、操作规范、操作要领，必要时适时修改师资讲义或实训作业指导书。操作演练是指培训师在技能场地进行现场操作，通过操作演练，让培训师熟悉培训场地、设备、工器具，熟悉并检验技能项目的操作流程、操作要领等是否合适规范，也使教练团队对操作流程、操作方法、动作要领达成统一。授课演练是指培训师在技能实训场地进行授课预演，通过授课演练，让培训师熟悉并检验教学内容、教学流程、授课方法、教学活动等是否合适，也使教练团队对授课内容、授课流程、授课方法、教学活动等统一思路。

（四）师资状态准备

良好的授课状态是保证教学效果的重要措施。培训师授课前通过各种方法和手段调整好精神状态和身体状态，确保以良好的授课状态完成各个环节的教学。师资状态准备一般从以下几方面入手：熟悉内容，烂熟于胸；操作演练，熟练技能；授课演练，寻找感觉；预设场景，特别应对；提前到场，检查落实；身体调适，精力充沛；放松神经，缓解紧张；漂亮开场，自信展示。

三、师资准备依据

师资准备主要依据技能实训项目（目标与内容）、参训学员状况（人数与能力）、实训资源现状、技能考核要求、培训时间安排等综合考虑师资准备。

（一）技能实训项目

根据技能实训项目课程目标和训练大纲，确定师资选择方向。选用与项目匹配的同专业师资，要求师资现场作业经验丰富、操作技能娴熟、授课技能强、现场管控能力强、技能等级或岗位高于多数学员的培训师担任。

（二）实训学员状况

根据学员人数及分组情况，确定师资选用人数。一般技能现场实训，一组一工位，每组配备 2 名培训师或教练，一组学员人数一般 6~8 人效果较好，一般不超过 12 人；若一人一工位，每组不超过 20 人。根据学员总人数结合工位情况，合理分组，根据分组配备教练，从而确定师资总人数。根据学员能力现状及技能等级情况确定选择培训的范围，原则上要求高级别、高岗位的师资去培训低级别、低岗位的学员。

（三）实训资源状况

根据实训资源配置情况，确定师资选用人数。一般实训场地固化、工位固化、设施固化，很难临时增加工位设备设施，只能根据实训基地现有设备设施配置，划分实训小组，每小组配备两位培训师或教练。

（四）技能考核要求

根据技能考核要求和技能考核方式，确定考核师资人数。一般技能实训结束后，要对学员开展技能考核，考核环节往往采用现场单人考核方式，考核时间长、考核工位要求多，一工位一般配备 3 位师资考评，根据工位数确定考评师资人数。

（五）培训时间安排

根据培训时间安排，结合师资工作情况，确定师资出勤率。一般技能培训时间长，很难有兼职培训师能全程参与，培训往往根据培训内容分段开展训练，每一阶段可以选用不同师资，综合考虑师资岗位工作实际，分段安排师资，包括考核师资。由此需要分段匹配师资，确定师资人数。

四、师资准备步骤

（一）确定授课师资团队（选师资）

根据教学课程内容安排、课程时间安排和学员分组，按时间安排确定师资人数，选择合适师资，此项工作一般由项目负责人完成，或项目负责人首先选定主讲培训师，由主讲培训师配备师资人员，交由项目负责人去落实邀请。

（二）师资授课任务分工（交任务）

项目负责人或主讲培训师负责向其他培训师交代培训任务分工、课程内容安排、时间安排等，让各位参与此项目授课的所有师资心中有数，做好承担任务的前期准备，包括备课准备、工作交接准备等。

（三）师资团队集体备课（备好课）

师资团队应提前到实训基地报到，预留充足时间进行集体备课。由项目负责人或主讲培训师组织师资团队进行集体备课，统一授课讲义或实训作业指导书，做好实训前场地准备、资料准备等工作，做好现场操作演练和授课演练，调适好授课状态。杜绝个别培训师自顾自无团队精神，不参加集体备课，临上课才报到，匆匆忙忙去上课。

第四节　实训资料准备（备资料）

🎯 关键要点

实训资料准备包括技术资料、作业用资料、教学用资料等。本节主要介绍实训资料准备要素、准备依据、准备步骤等内容，其中准备要素和步骤为重点，实训作业指导书编制为难点。实训资料准备关键要点如图5-7所示。

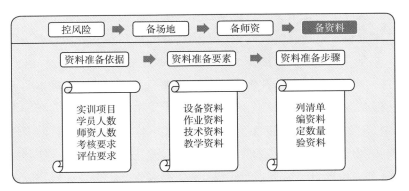

图 5-7　实训资料准备关键要点

✍ 必要知识

一、实训资料准备概述

实训资料准备是指在实施技能实训教学前，培训师根据技能实训项目的要求准备的有关资料。

实训资料准备充分齐全是保证实训顺利进行的重要基础性工作。实训资料包括实训设备资料、实训项目技术资料、实训教学资料等。有些资料按培训师资料清单要求由实训基地工作人员准备，有些资料须由培训师本人编制审核无误后交由基地工作人员印制。

二、实训资料准备要素

（一）实训项目设备原始资料

设备原始资料是指实训设备厂家附带资料和现场安装调试的技术资料。培训师根据实训项目及技能考核要求，在提出实训设备清单的基础上，进行实训设备原始资料准备。实训设备原始资料主要包括实训设备说明书、结构布置图、电气控制线路图等。

设备原始资料一般由培训师拟定清单交由基地设备管理人员准备，培训师现场验证资料是否匹配、齐全等。

（二）实训项目作业依从性资料（作业技术资料）

作业依从性资料是指实训技能项目在实际作业中依从的技术规程、规范、标准等技术资料。这些技术资料是培训师备课的重要参考资料和现场技能示范的依据，是学员技能训练的技术标准和依据，是技能考核评分标准制定的依据。往往一个实训项目会涉及多个技术资料来源，培训师应梳理本实训项目作业过程所涉及的技术规范标准，并整理提炼形成本实训项目作业指导书，指导项目实训。比如《低压三相四线电能表装表接电技能培训》项目涉及以下相关技术资料：《电能计量装置技术管理规程》《电流互感器和电压互感器选择及计算导则》《公司电能计量装置典型设计》《公司客户电能表及计量用互感器装拆作业指导书》《公司电能计量装置运行管理实施细则》《公司客户电能计量装置现场验收作业指导书》等，对这些资料培训师进行消化整合提炼形成《低压三相四线电能表装表接电技能培训》标准化作业指导书。

依从性技术资料由培训师本人收集整理，根据项目作业程序对应列出引用资料清单，并注明作业标准来源与出处或标准原文原句，以便查找作业依从性，并在培训中明确告知学员操作要领依从性。

（三）实训项目现场作业资料

现场作业资料是指技能实训项目操作过程中涉及的现场表单资料等。技能培训尽量模拟实际作业场景操作，便于学员更好联系实际工作，提高现场实训效果，实训时按实际作业场景准备相关作业表单、票据、图纸等。比如"三相电能表装表接电"项目中的"装拆表派工单、装拆表现场工作单、工作票、操作票、用户申请资料、现场安装作业手册"等必备作业过程资料。

现场作业资料由培训师准备齐全，交由基地工作人员按学员小组或学员人数印制，实训教学前核对是否齐全，实训时下发学员。

（四）实训项目教学用资料

实训教学资料是指实训教学中培训师和学员用的教学与考核资料。包括实训教学培训师讲义（教学设计任务书）、实训作业指导书、教具模型、教学图纸、考核评估标准、任务观察记录表单、实训评分表单、实训考核记录表、学员考勤记录表、培训满意度调查表等。

教学资料由培训师编制和准备，根据项目需要和学员人数确定印制清单，交由基地工作人员印制。实训教学前核对是否齐全，实训时下发培训师和学员。

三、实训资料准备依据

实训资料准备主要依据技能作业项目、实训学员人数、技能考核要求、师资人数、培训评估等综合考虑准备相关资料。

（1）依据作业项目，需要准备设备原始资料、技术资料、作业资料，一般一组至少一份。

（2）依据学员人数，需要准备实训作业指导书、实训现场记录表单等学员用资料，一般一人一份。

（3）依据师资人数，需要准备教学设计任务书、实训作业指导书、作业项目资料等，一般一人一份。

（4）依据考核要求，需要准备考核相关评分标准、评分记录表等资料，至少保证所有考核师资一人一份。

（5）依据培训评估，需要准备满意度调查表、师资评价表、学员成绩登记表等资料，一般保证学员一人一份。

四、实训资料准备步骤

（一）列资料需求清单（列清单）

培训师将技能培训项目所需的设备原始资料、作业依从性资料、现场作业资料、教学资料等以清单的形式列出来，明确资料准备责任人（基地准备、培训师准备）。

（二）编制实训资料（编资料）

培训师根据资料清单，明确资料类型，确定哪些资料直接采用固化模板、哪些资料需要根据项目编制、哪些资料需要在模板上完善等。凡是需要培训师编制或完善的资料，培训师须根据培训项目实际、实训场地现状、学员状况及师资配备等情况进行资料编制和完善。

培训师重点编制实训教学设计任务书、技能实操考核评分标准、实训作业指导书。

实训作业指导书用来规范实训教学行为，为培训师和学员提供规范化、标准化的实训操作手册。实训作业指导书编制要素包括实训项目信息、实训总体安排、实训作业准备、实训现场作业程序、实训作业技能考核等。

（三）确定资料清单（定数量）

在需求清单上，明确清单中各项资料准备的数量、规格、要求等，并将清单及相关资料一并交由基地工作人员，按清单要求准备所有资料。

（四）按清单查验资料（验资料）

在实训前，培训师应按清单检查准备的资料是否齐全、正确，数量是否足够，设备资料和作业资料是否符合实训项目实际等。发现资料有问题，及时修改和完善，按需准备，以保证实训顺利进行。

🔧 必备技能

必备技能 5-3：根据实训项目要求完成实训资料准备

场景描述

依据技能授课教学设计，在确定培训目标、培训对象后，培训师根据项目实训要求完成实训项目资料准备。

操作步骤及要领

第一步： 明要求。领会教学设计，明确实训项目信息，明确实训项目、课程目标、培训学员层次、实训设备设施配备等。

第二步： 列清单。列资料需求清单。

第三步： 编资料。编制完善所需资料，关键是《实训作业指导书》的编制。

第四步： 定数量。明确清单资料具体数量、准备要求等。

第五步： 验资料。实训前对照清单检查资料。

按上述步骤完成实训资料准备，填写实训资料准备表单，见表5-3。

表 5-3　　　　　　　　　　　　　**实训资料准备表单**

实训项目信息	项目名称							培训时间	年　月　日至　日，共　天			
	项目目标							学员情况	男　人，女　人，共　人			
	培评方式							师资配置	培训师　人，教练　人			
基地场地信息	工作区域（实训室）					现有工位数		实训分组				
	实训设备											
资料清单		列清单				编资料			验资料（符合√、不符合 ×）			
	分类	名称	份数	来源	印制要求	是否模板	是否修编	修编要求	正确性	齐全性	规范性	整体合理性（调整要求）
	设备原始资料						—					
	作业依从性资料（标准规范）						—					
	现场作业用资料											
	教学用资料（培训师、学员用）											

注　1. "来源"指由基地提供或培训师提供。
　　2. "印制要求"指是否独立印制或组合印制，组合印制的应列明资料名称及排版次序。

必备技能5-4：《技能项目实训标准化作业指导书》编制

场景描述

培训师在完成教学设计、场地准备表单、师资准备表单、资料准备表单、技能考核标准等资料后，综合以上资料编制《技能项目实训标准化作业指导书》（参考样式见表5-4）。

操作步骤及要领

第一步：编制实训教学总体安排，具体包括项目信息、教学安排、资源要求等。

第二步：编制实训作业准备内容，具体包括作业资源准备（包括场地、资料、人员，内容来源于实训准备表单）、作业风险评估与预控、作业人员分工、作业关键交代等。

第三步：编制实训现场作业程序及标准，具体包括作业任务流程、作业程序标准。

第四步：编制技能考核实施内容，具体包括考核内容、考核标准、考核准备、考核安排、考核须知等。

第五步：汇编审稿提交审核。培训师编好后提交相关部门组织培训师专家审核，通过后印发给学员和授课师资，作为教学归档材料归档。

表5-4　　　《技能项目实训标准化作业指导书》（参考样式表单）

技能项目实训标准化作业指导书（封面信息）
作业项目：
编写师资：
审核师资：
适用对象：
作业日期：
实施单位：

续表

一、技能实训作业总体安排与要求						
实训项目	作业名称					
	培训目标					
	引用标准					
	参培人员	对象＋人数＋分组				
	实训基地			实训日期		
教学安排	实训时间	实训内容	师资安排	场地安排	学员安排	其他要求
	⋮					
资源要求	师资要求					
	学员要求					
	场地要求					
	资料要求					
	环境要求					

二、实训作业准备								
		项目	名称	规格	数量	要求	现场核查（√）	备注
作业资源准备	场地	主要设备						实际作业用
		辅助设备						
		仪器仪表						
		安全工具						
		其他工具						
		备品耗材						
		安全设施						
		其他						
	资料	设备资料（图纸、说明书、清单等）						实际作业用
		作业资料（作业标准、作业表单等）						实际作业用
		教学资料（学员资料、记录资料、评价资料等）						培训作业用
	人员	学员要求						实际作业用
		师资要求						培训作业用
		其他要求						实际作业用

续表

作业风险评估（风险点分析与预控措施）	序号	关键风险点	预控措施	备注
	1			作业风险
	2			
	3			
	4			

作业人员分工	序号	角色配置	责任人员	备注
	1			作业角色
	2			
	3			
	4			

作业其他准备		实际作业用

作业关键交代	集中学习		培训作业用
	任务交代		实际作业用
	安全交代		（作业＋培训）用

三、现场作业程序及标准

作业任务流程（流程图）		作业任务布置	作业任务检查	作业任务操作	作业任务终结	作业任务收尾	备注

作业程序	任务单元	关键操作步骤	关键操作点	关键操作要领	关键操作风险	关键防范措施	备注

续表

四、实训作业考核实施							
考核项目							
考核标准	考核方式						
	任务单元	一级考核指标	二级考核指标	标准描述（质量要求）	分值（占比）	评分标准（得分或扣分标准）	考核时限
考核准备	实施组织准备						
	考生考前准备						需考生自行准备的工具、仪表、资料等
考核安排	考核场地	考核时间		参考人员		考核师资	备注
考核须知							考核纪律、考核要求

🤲 案例分享

案例分享 5-3：《低压三相四线电能表装表接电技能培训》实训资料准备表单

案例场景

廖某某培训师根据教学设计和技能项目作业要求完成《低压三相四线电能表装表接电技能培训》实训资料准备工作，其资料准备成果见【二维码 5-3】。

【二维码 5-3】

案例分享 5-3：《低压三相四线电能表装表接电技能培训》实训资料准备表单

💬 融会贯通

训练任务 5-3：实训资料准备

训练任务：根据背景材料完成《×××》技能实训项目的场地准备。

场景材料：给出《×××》课程目标、教学整体设计、教学实施设计。

训练要求：小组学员根据以上场景材料，集体讨论完成实训项目的资料准备内容，并将资料清单填入表5-3；完成时间控制在30min内。

👆 **要点回顾**

本节重点介绍了资料准备要素和准备步骤，其中实训资料包括设备原始资料、项目技术资料、项目作业资料、教学用资料等，具体可按明要求、列清单、编资料、定数量、验资料等步骤进行准备。

✅ **实践案例**

实践案例5-1：《变压器铁芯及夹件泄漏电流测量技能培训》作业指导书

案例场景

韩某某培训师在完成了教学设计任务书、场地准备表单、师资准备表单、资料准备表单后，综合以上资料编制《变压器铁芯及夹件泄漏电流测量培训》作业指导书，其成果见【二维码5-4】。

【二维码5-4】

实践案例5-1：
《变压器铁芯及夹件
泄漏电流测量技能
培训》作业指导书

实践案例5-2：《钳表法测量架空线路杆塔接地电阻技能培训》作业指导书

案例场景

李某某培训师在完成了教学设计任务书、场地准备表单、师资准备表单、资料准备表单后，综合以上资料编制《钳表法测量架空线路杆塔接地电阻技能培训》作业指导书，其成果见【二维码5-5】。

【二维码5-5】

实践案例5-2：
《钳表法测量架空
线路杆塔接地电阻
技能培训》作业指
导书

实践案例 5-3：《10kV 架空线路柱上开关的停电操作（运行转冷备用）技能培训》作业指导书

【二维码 5-6】

实践案例 5-3：
《10kV 架空线路柱上开关的停电操作（运行转冷备用）技能培训》作业指导书

案例场景

郑某某培训师在完成了教学设计任务书、场地准备表单、师资准备表单、资料准备表单后，综合以上资料编制《10kV 架空线路柱上开关的停电操作（运行转冷备用）技能培训》作业指导书，其成果见【二维码 5-6】。

▶ **本章小结**

本章重点介绍了培训风险辨识与预控、实训场地准备、实训师资准备、实训资料准备等内容。

培训风险辨识与预控围绕人、物、环、管四大风险要素进行展开，关键在辨风险、做安措；实训场地准备内容主要包括设备设施、工位配备、工具耗材、安全设施等，关键在布场地、验效能；实训师资准备主要包括师资团队、师资技能、师资状态和师资讲义等，关键在组团队、备好课；实训资料准备主要包括设备原始资料、作业技术资料、作业用资料和教学用资料等，关键在编两书、齐资料。

▶ 培训目标

任务目标:

（1）在技能授课开始前，能按技能教学设计和现场作业要求对教学场地、安全措施、资料、人员进行全面检查。

（2）在技能教学实施中，能按技能教学设计要求和标准化教学流程完成授课导入、主体、练习、结语呈现。

（3）在技能教学实施中，能编制技能考核标准和按标准化考核程序完成对技能考核实施。

（4）在技能授课结束后，能按现场作业标准对实训现场进行全面清理整顿和落实安全措施。

知识目标:

（1）正确简述技能授课前对场地、资料、安全措施、人员的检查要点。

（2）正确阐述标准化技能授课呈现流程及操作要领。

（3）正确描述技能考核方式、考核标准和考核实施流程的关键内容要点。

（4）正确简述技能教学结束对作业场地、实训资料、现场安全措施等清理整顿的要点。

▶ 内容导图

技能教学实施是技能类课程培训实施的核心环节，是技能教学设计和技能培训效果最直接体现和检验，是培训师的核心技能体现环节。本章主要包括课前检查、授课呈现、实操考核和课后清理四部分内容。技能培训教学实施内容导图如图 6-1 所示。

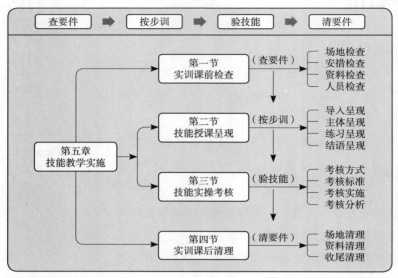

图 6-1　技能培训教学实施内容导图

注：安全措施简称安措。

第一节　实训课前检查（查要件）

🎯 关键要点

技能教学实施的首要环节就是在课前对授课要件进行检查，确保授课要件符合授课要求。授课要件检查包括实训场地检查、现场安全措施检查、实训资料检查、实训参与人员检查等。其中场地检查、现场安全措施检查为重点，安全措施检查和人员状态检查为难点。实训课前检查关键要点如图 6-2 所示。

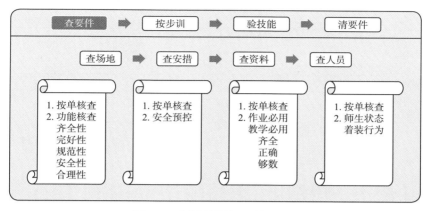

图 6-2　实训课前检查关键要点

此项工作需要培训师、教练及工作人员集体参与，由负责准备的培训师现场说明准备情况，做到人人心中有数。

必要知识

一、实训场地检查

实训场地检查指授课前，培训师及教练到现场，根据实训场地准备清单再次核实检查实训场地是否符合实训教学要求的过程。实训场地核实检查主要从设备设施、工位配置、工器具及耗材、安全措施等方面进行，重点核查场地实训功能，根据实训要求、实训目标、学员及师资报道情况等对现场场地实训功能逐个工位进行再次核查，要对设备设施、工器具及安全设施等进行齐全性、完好性、规范性、安全性检查，对场地布置的合理性进行检查。对不符合要求的进行现场调整，满足实训教学要求。场地检查表单与场地准备清单内容相同，见表 6-1。

表 6-1　　　　　　　　　技能实训授课前检查

实训项目信息	项目名称		培训时间	年　月　日至　日，共　天
	项目目标		学员情况	男　人，女　人，共　人
	培评方式		师资配置	培训师　人，教练　人

技能类授课

续表

基地场地信息	工作区域（实训室）					现有工位数		实训分组	
场地检查	检查内容				检查情况（符合√、不符合×）				
	分类	名称	规格	数量	齐全性	完好性	规范性	安全性	检查整改要求
	主要设备								
	辅助设备								
	仪器仪表								
	安全工具								
	其他工具								
	备品耗材								
	其他								
安全检查	风险评估	人		物（机、料）		环		管（法）	
		风险	措施	风险	措施	风险	措施	风险	措施
	安全措施落实（符合√、不符合×）	—		—		—		—	
	检查整改要求								
资料检查	检查内容			检查情况（符合√、不符合×）					
	分类	名称	份数	正确性	齐全性	规范性	是否培训归档	检查整改要求	
	设备原始资料								
	现场作业用资料								
	教学用资料（学员）								
	教学用资料（师资）								

续表

基地场地信息	工作区域（实训室）					现有工位数		实训分组	
人员检查	师资检查（符合√、不符合×）	操作技能	授课技能	着装规范	精神状态	健康状态	其他要求	检查整改要求	
	学员检查（符合√、不符合×）	技能水平	考勤情况	着装规范	精神状态	健康状态	其他要求	检查整改要求	

二、安全措施检查

安全措施检查是指在实训授课前，对场地布置的安全设施和实训过程中涉及安全防护用设施等进行检查的过程，重点检查和落实安全预控。安全措施检查必须根据具体实训项目的风险辨识进行安全预控措施的落实。安全措施检查表单内容见表 6-1。

三、实训资料检查

资料检查指培训师在授课前对实训现场需要的所有资料进行再次核实检查，检查资料是否符合技能培训要求的过程。资料核实检查主要从设备原始资料、现场作业资料、培训资料等方面进行，重点检查现场作业资料和按学员人数配备的培训资料。根据作业要求和学员人数清点检查现场作业用资料（如作业表单、票据、图纸、作业指导书等）和培训教学用资料［如教学培训师讲义（教案）、实训作业指导书、教具模型、教学图纸、考核评估标准、任务观察记录表单、实训评分表单、实训考核记录表、学员考勤记录表、培训满意度调查表等］，确保资料齐全、正确、够数。资料检查表单与资料准备清单内容相同，见表 6-1。

四、实训人员检查

人员检查是指在技能授课前，对培训师、教练和学员等人员的检查过程，检查内容见表 6-1。

对培训师和教练的检查，重点检查操作技能和授课技能，特别注意团队授课标准统一性问题，可以采用集体说课、现场示范观摩等方式进行检查。检查时，对师资团队的状态（精神和健康）和着装也不能忽略。

对学员的检查，重点检查出勤情况、学习状态、着装规范等。学员出勤情况检查包括应到人数、出勤人数、缺勤情况等；学习状态检查包括技能水平抽查，精神状态、体力状态、健康状况观察等；着装规范检查查看学员是否按规定着装，着装是否符合项目作业要求等。

⚙ **必备技能**

必备技能 6-1：根据技能项目要求完成授课前检查工作

依据教学设计及实训项目的要求，在技能教学准备工作完成后，于实训正式上课前进行各项准备工作的核查落实，即完成授课前检查工作。属于授课实施前的教学组织部分。

操作步骤及要领

第一步：明要求。培训师应熟悉技能教学要求和技能教学准备情况。由主讲培训师或项目负责人负责向各位培训师进行培训工作交底，并介绍准备工作完成情况。一般要求培训师在学员报到前一至两天报到，报到后由主讲培训师或项目负责人进行培训工作交底。

第二步：查现场。根据实训项目要求和教学准备清单，逐项逐条核实检查准备事项是否符合授课要求。现场重点检查场地、检查安全措施，对不符合实训要求的立即整改完善。一般在学员报到当天完成此项工作。

第三步：查资料。检查培训必须用的项目设备设施原始资料、现场作业用资料、教学用资料，检查资料是否正确、齐全、规范，资料的数量是否符合工位和学员人数要求等。一般在学员报到前须检查确认下发给学员的所有资料。

第四步：查人员。查人员主要检查培训师和学员情况。

在学员报到前，重点检查培训师备课情况和授课标准一致性。必要时由主讲培训师组织集体说课、集体操作演练、授课演练，保证授课标准统一、培评模式统一。一般在学员报到前一天完成。

学员报到后，培训师应对学员状况进行分析，了解学员技能水平、年龄、性别等，必要时修改培评模式、调整实训场地等；待授课前，集中检查学员着装规范、精神状态、健康状况等，结合实际安排或调整教学。

按上述步骤完成给定实训项目的实训前检查，填写授课前检查表单，见表6-1。

案例分享

案例分享 6-1：《低压三相四线电能表装表接电技能培训》授课前检查

案例场景

廖某某培训师根据《低压三相四线电能表装表接电技能培训》教学设计、技能项目作业要求及实训作业准备表单，进行授课前检查，其授课前检查完成情况见【二维码 6-1】。

【二维码 6-1】

案例分享 6-1：《低压三相四线电能表装表接电技能培训》授课前检查

要点回顾

本节重点介绍实训前要件检查内容，实训前检查步骤为明要求、查现场、查资料、查人员。其中查现场重点检查场地设备设施和现场安全防护措施，查资料重点检查作业必用和教学必用资料，对人员检查重点检查考勤、着装、状态等。

第二节　技能授课呈现（按步训）

关键要点

培训师在完成了课前检查工作后，就开始技能授课呈现，技能授课呈现主要从导入（教学开场）、主体（示范讲解）、练习（技能训练）、结语（教学总结）四个环节进行现场授课呈现，技能授课环节如图6-3所示。其中主体和练习环节为授课重点，结语环节为授课难点，呈现关键要点如图6-4所示。

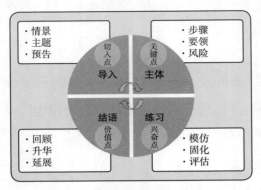

图6-3　技能授课环节

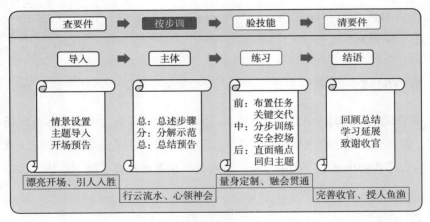

图6-4　技能授课呈现关键要点

📝 必要知识

一、导入呈现——"切入情景、漂亮开场、引人入胜"三步曲

导入环节是指技能授课的开场环节，培训师主要通过了解学员心愿、把准学员心机，设置情景、吸引学员积极参训，建立学员对技能项目和技能训练的整体认知和规则意识，为发挥学员的主观能动性，尽力实现"我要学、自觉

学、快乐学、合作学"的良好氛围埋下伏笔。"切入情景、漂亮开场、引人入胜"的技能授课导入三步曲流程如图 6-5 所示。

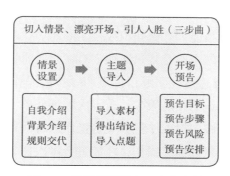

图 6-5　技能授课导入三步曲流程

（一）情景设置

情景设置是指在学员尚未进行技能训练前，培训师将本次训练的技能项目所涉及的背景、场地、任务、规则等总体介绍给学员，让学员"身临其境"、把握全局、接受任务。呈现策略一般采用传递 – 接受、引导 – 发现等策略，呈现方式一般采用讲 – 听、引 – 思、演 – 看等方式，具体可采用讲授法、提问法、演示法等方法安排教学活动。

情景设置主要包括自我介绍、情景介绍、规则交代三部分，具体呈现内容及思路如下：

1.自我介绍

自我介绍一般从个人信息、专业背景、专业经历等方面围绕课程主题介绍，展示培训师个人专业魅力，为课程顺利进行做好角色定位，加强学员对培训课程的信心。个人信息一般介绍姓名、单位、工作岗位；专业背景一般介绍体现专业能力最高水平的职称、技能等级、专家等级等专业头衔；专业经历一般介绍从事专业工作年限、专业工作上的典型经历等。

2.情景介绍

情景介绍一般从项目介绍、前情回顾、任务交代等方面对技能培训项目做总体介绍，让学员明确培训项目来龙去脉、工作场景、工作流程、工作任务等，将学员带入工作场景，从思想上高度重视。

项目介绍是指对技能培训项目的背景意义、任务构成（单个或多个任务单元构成）、训练场境（实训场地、设备器材、实训环境）等作总体介绍，并带领学员熟悉训练场地、设备、环境等。

前情回顾是指对本次技能培训任务之前学员已学习的知识或训练过的技能等的回顾，为接下来的技能训练做知识或技能的铺垫。若学员为首次参加技能项目培训，此处前情回顾主要是知识回顾，对在此之前学员在项目知识类授课中所学的必要知识进行总结性回顾，重点回顾技能操作的流程步骤、作业标准、注意事项等，让知识为技能服务；若本次训练任务为技能项目中的某个任务单元，此处的前情回顾先对前序任务关键操作进行回顾，检验学员对前序操作掌握程度，否则需要复训前序操作，才能进行本次任务操作，在进行本次操作前需对必要知识进行总结性回顾。

任务交代是指明确交代本次技能培训需完成的技能训练任务，包括任务名称、任务内容、作业区域、人员分工、训练活动安排等，让学员明确本次任务，端正学习态度。

3. 规则交代

规则交代主要是强调技能培训纪律和安全交底，为顺利完成技能培训提供强力约束纪律和安全保障，一般从考勤分组、培训纪律、安全交底等方面进行交代。

考勤分组便于小组训练和出勤管理。分组应考虑男女搭配、强弱搭配、工位配置等因素，培训师在分组前当众宣布小组成员构成、角色分配（操作与监护）、工位配置等事项，并推选组长，组长协助培训师组织小组训练和考勤，考勤是现场学员管理的必要手段，一般训前和训后都要考勤、训中抽查考勤。

培训纪律是培训能顺利进行的保证。学员进入实训场地时，培训师应着重强调实训组织纪律，包括着装要求、出勤纪律、训练纪律、场地管理要求、工器具使用管理要求等。

安全交底是指在学员训练之前，培训师将整个技能培训项目中可能出现的安全风险和安全防控措施向学员明确交代，让学员对"安全"心中有数，严格按章操作。重点对作业现场设备状态、关键风险点、安全措施进行交底。

（二）主题导入

在完成情景设置后，一般将分组示范和训练，各小组培训师应承接前面情景设置内容进行主题导入。

主题导入是指培训师采用契合学员学习动机的某种素材，配合一定的导入方法和手段，引导学员从设置的情景中过渡到学习主题的一种教学活动，引诱学员"我想学、我要学"。呈现策略一般选用引导－发现、体验－领悟等策略，呈现方式一般采用引－思、演－看、诱－验等方式，具体可采用案例导入、设疑解惑导入、情景再现导入、演示观察导入等方法安排教学活动，技能实训导入也多用开门见山法。主题导入呈现的内容包括导入内容、导入结论和导入点题三部分。

1. 导入内容

导入内容是引诱学员"我想学、我要学"的关键素材，指根据选用的导入方法去准备。比如采用案例导入法，导入内容就是某某案例的关键信息，通过给学员讲授案例关键信息，激发兴趣，引发思考。

2. 导入结论

从导入内容中得出关键结论，结论必须是正确的并且关联课程主题。

3. 导入点题

导入点题是指通过导入教学活动引入授课正题，从而引导学员进行正题内容的学习。从导入结论自然过渡到授课主题，将学员引导到接下来"我要学"的课程或项目名称。

（三）开场预告

在培训师完成主题导入后，应明确告知接下来授课的关键信息，即进行开场预告。

开场预告是指进入课程正题后将正题关键信息明确告知学员，让学员对接下来的训练任务有总体印象，清晰知道学的目标是什么、学什么、如何学等。呈现策略一般采用传递－接受策略，呈现形式为讲－听、演－看等方式，主要采用讲授法、演示法。开场预告的思路及内容主要包括预告目标、操作步骤、培训风险、教学安排等。

1. 预告任务目标

预告任务目标是指将立马要进行的训练任务的任务目标明确告知学员，让学员目标"心中有数"，在目标的指引下"自觉学"，预告任务目标是着重强调任务行为和行为标准。若后序采用分段训练，则应将总目标细分为分段训练的小目标，总体预告任务目标和分段训练的小目标，在具体每段训练时再次强调即将训练的小目标，时刻让学员心中有目标。

2.预告操作步骤

预告操作步骤是指将立马要进行的训练任务的操作步骤明确告知学员，让培训师和学员在做事之前明确记住"分几步，做什么"。此处预告的操作步骤必需在整个授课过程一以贯之，在后序主体授课、练习训练、结语回顾等环节中所涉及的"操作步骤"必须一致，培训师严格按照预告的操作步骤去授课训练，学员严格按照操作步骤去模仿练习和自主训练，培训结束后须按操作步骤去总结回顾。此处预告步骤一般只预告一级步骤，也可预告到二级步骤，重点是明确步骤次序、步骤名称，此处不宜过度解说步骤细节，一般采用"序数词＋步骤标题"句式预告步骤。

3.预告培训风险

预告培训风险是指将立马要进行训练任务所涉及的培训风险明确告知学员，让学员在训练前牢固树立安全意识，以便在培训过程中时刻警醒自己，保护好自己、保护好他人、保护好设备。注意之一，此处预告的培训风险仅涉及即将进行的训练任务，不是整个技能培训项目的安全交底，也不是实际作业中的安全风险，仅限于立马进行的训练任务所处的操作及实训环境而有可能产生的安全风险。比如，在实训室培训"绝缘手套在使用前检查"的项目时，若电压等级未检查到位是不可能产生"触电"风险，但在实际作业中由于电压等级检查不到位就有可能产生"触电"风险；注意之二，不宜详细介绍风险的产生、辨识、评估、控制等，特别既是培训安全风险，又是实际作业安全风险的"风险"，只有学员体验了操作步骤、操作要领后才可能真正辨识风险。预告培训风险的目的是在训练前打预防针，警醒学员要在训练中高度重视培训风险，严格按章训练，在训练中体验预告的培训风险，学会防范风险。一般按训练次序分点预告培训风险，采用"序数词＋×××风险：在什么情况（时候）可能产生，须采用×××防范措施"的句式预告培训风险。

4.预告教学安排

预告教学安排是指将立马要进行训练任务所涉及教学环节、时间安排、培训方法等明确告知学员，让学员清晰知道教学活动安排，在"自觉学、快乐学、合作学"氛围中完成技能培训。

若不是新课，是旧课，承接前序内容进行新的步骤训练，导入一般采用"回顾旧识＋逻辑过渡＋预告新知"的方式完成旧课导入，或采用"回顾旧识＋逻辑过渡＋新知主题导入＋预告新知"。"回顾旧识"主要回顾上一步的关键信息，"逻辑过渡"主要是说明上一步与即将进行的下一步新知间的逻辑关系，"预告新知"主要是预告即将进行的这一步及关键信息。

二、主体呈现——"情景示范、行云流水、心领神会"三步曲

主体呈现是技能授课呈现的核心部分，是以时间轴为主线依次逐步对技能任务操作步骤进行展开讲解、演示的部分，培训师必须掌握一些必要的内容展开技巧、遵循内容讲解、演示规律，才能确保培训效果，总体"总－分－总"的基本规律。"情景示范、行云流水、心领神会"的技能授课主体呈现三步曲流程如图 6-6 所示。

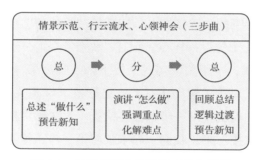

图 6-6　技能授课主体呈现三步曲流程

主体呈现聚焦在培训师逐步讲解和示范两个动作，采用的教学策略主要是传递－接受、示范－模仿、引导－发现等策略，呈现形式主要表现为培训师讲－学员听、培训师演－学员看、培训师做－学员做、培训师引－学员思做等方式，具体可采用讲授法、提问法、演示法等方法安排教学活动。

（一）内容呈现思路

培训师合理组合运用讲解与演示，安排教学活动，使主体呈现如行云流水，达到学员心领神会的效果。其中讲解的内容包括做什么（关键操作步骤）、怎么做（关键操作要领）、为什么这样做（关键操作风险及防控措施）

等，演示的内容包括做什么（关键操作步骤）、怎么做（关键操作要领）等。

将"总–分–总"内容展开逻辑运用到技能操作的每一步操作步骤上，如图 6-7 所示，合理运用讲解和演示技巧，讲好每一步，演好每一步，确保"讲清楚、听明白、记得住、做得到"的培训效果。

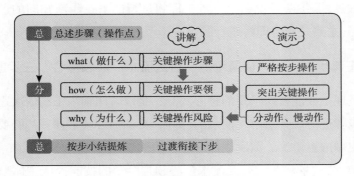

图 6-7 技能授课主体内容展开

1. 总——总述"做什么"

总述步骤及步骤下的关键操作点，让学员"听清楚"现正讲的步骤名称及此步骤下所包括的几个关键操作点，记住"做什么"。一般采用培训师讲–学员听的策略呈现形式，常用关键句式：接下来，学习第 ×× 步，×××（步骤名称），其包括 ×× 个关键操作点，分别是 ×××（关键操作点名称），例如：以绝缘手套使用前检查第一步，标签检查（永久铭牌检查、试验有效期检查）为例，总述为"接下来，我们一起来学习第一步，绝缘手套标签检查，其检查包括两个关键点，分别是永久铭牌标签检查和试验有效期标签检查"。

2. 分——讲解与示范"怎么做"

按对应步骤下的关键操作点逐点分解：首先，培训师讲–学员听，培训师"讲清楚"每一关键操作点下的关键操作要领"怎么做"，让学员"听明白"；接着，培训师演–学员看，培训师用慢动作、分解动作规范演示"怎么做"，让学员"看清楚、记得住"；其次，培训师讲–学员做，培训师复述"怎么做"，学员模仿体验，让学员感悟"怎么做"；最后培训师引–学员思、培训师讲–学员听，培训师引、讲"为什么"要这样做"即关键操作风险及防控措施"，让学员知其然且知其所以然。

3.总——小结与预告

按步小结学习的每一步，对每步关键操作点及操作要领进行小结，加深学员记忆。然后过渡衔接到下一步，重复第一个总，预告第二步"做什么"。一般采用培训师讲－学员听或培训师引－学员讲的策略呈现形式。例如：以绝缘手套使用前检查为例，小结第一步，预告第二步：我们学习第一步，完成了绝缘手套铭牌标签和试验标签的检查，记住两个严禁"严禁使用电压等级不合适的绝缘手套、严禁使用已超过使用有效期的绝缘手套"，第一步标签检查合格了，接下来我们学习第二步，绝缘手套外观检查，外观检查分别从外部和内部两方面进行。

（二）讲解与示范呈现技巧

1.单独讲解

现场技能讲解讲究逻辑、突出重点、化解难点、强调风险。讲究逻辑是指承接知识类授课已经学过的关键知识点，按"做什么""怎么做""为什么"的顺序讲；突出重点是指讲解时抓住关键点，突出"怎么做"的动作要领，要做到"三个不"，即不漫无边际、不面面俱到、不狂轰滥炸，要特别突出"讲与演"密切配合的点。化解难点是指讲解时对难点内容尽量采用实例印证、对比关联、感性引导等技巧化解，便于学员理解领悟；强调风险是指在演示"怎么做"后，再次强调不按操作要领进行操作可能带来的操作风险及管控措施，强化学员安全意识。

2.单独示范

现场技能动作示范要有"型"即做到"准"（动作要领要符合规范标准）、"慢"（动作演示速度要慢）、"分"（复杂动作要做分解动作）、"合"（整体动作连贯协调），让学员看清楚动作细节，思维逻辑跟得上、要领感悟得到、行为模仿得来。

（1）"准"强调施教的所有培训师演示动作要正确、规范、统一，操作要领符合标准。同一技能操作，不能因培训师的不同而导致学员技能操作出现较大差异或因培训师操作不标准而导致学员操作不标准，不管是哪种情况都不允许出现操作错误。因此，培训师在授课前必须按标准进行操作演练和授课演练。

（2）"慢"强调培训师在做动作演示时，动作速度要慢。不能按正常作业那样迅速完成操作，要放慢操作速度，适当延长操作时间，甚至在关键动作要领时要暂停或回放，特别是难点动作，要让学员观察清楚，思维跟上动作，感悟动作要领。特别提醒，若放慢速度可能产生安全隐患或风险的动作，要严禁慢动作。

（3）"分"强调对复杂动作或难点动作进行分解示范。将关键操作点分为多个相对独立的单一简单动作，一一展示示范，让学员观察清楚每个简单动作，感悟单个动作要领。特别提醒，若动作分解可能产生安全隐患或风险的动作，严禁分解。

（4）"合"强调动作整体连贯、协调、流畅。经过慢动作、分解动作示范演示后，培训师一气呵成完成整体示范演示，保持动作连贯、协调、流畅，无多余动作，符合技能操作规范标准，与实际技能操作相符。

示范的方法一般可分为示对法、示错法、对错交替法三种。示对法是指培训师对操作做正面正确示范演示的方法，多在操作步骤及操作要领演示时用；示错法是指培训师"故意"进行错误操作示范演示，引导学员观察、思考、感悟问题所在、风险所在的"反面"示范演示的方法，多在讲解和演示操作风险及防控措施时用；对错交替法是指培训师根据需要对同一操作同时交替采用示对法、示错法，让学员对比学习的一种方法，多用在学员易错点、难点等地方。

3. 讲演结合

讲演结合是指边讲边演或边演边讲，即讲解和示范相结合的一种方法。要充分发挥精准的语言讲授"听"和直观感性的示范"看"的双重感官刺激强化作用，利用示范帮助学员效仿，利用讲解帮助学员理解，使两者协调配合，必须做到讲演一致，言行一致，知行合一。一般有以下几种方式：

（1）"讲＋演"。培训师先讲"做什么、怎么做"，后演示示范"怎么做"。培训师原则上以关键操作点为单元，先讲关键操作点和操作要领，再演示操作要领，关键是讲得精炼，演得慢和准，千万不要将整个操作步骤中多个操作点和操作要领一起讲完，然后一次性演示完。若培训师只顾滔滔不绝地讲，再娴熟麻利地演示示范，容易造成"讲"与"演"脱节，培训师自身兴奋地"讲"，学员一直听"讲"会走神，特别是室外；学员等到看"演"时，已差不多忘记了培训师讲什么，甚至看也跟不上"演"的节奏，学习效果大打折扣，要避免出现这种情况。

（2）"讲+边演边讲"。培训师原则上以关键操作点为单元，先讲"做什么、怎么做"，后边演边讲"怎么做"，这种方式强化学员听明白、记得住"做什么、怎么做"。培训师必须做到前后"讲"的关键要领是一致的，且与"演"一一对应。

（3）"演+边讲边演"。培训师先演"怎么做"引导学员观察思考，建立感性认知，后边讲边演"做什么、怎么做"，加强感性认知，强化学员看清楚、记得住"怎么做"。

（4）"讲+演+边讲边演"或"演+讲+边演边讲"。综合前三种方式优点，学员能听明白、看清楚、记得住，学习效果会更好。

三、练习呈现——"情景演绎、量身定制、融会贯通"（三步曲）

练习是指在培训师集中讲解示范技能操作后，学员进行分组训练的环节。此环节是学员学习技能、掌握操作技能、生成智力技能不可缺少的重要环节和重要手段，此环节也是技能授课中占用时间最长、培训风险防控难度最大的环节。练习呈现主要包括练习前、练习中、练习后三个环节，"情景演绎、量身定制、融会贯通"的技能授课练习呈现三步曲流程如图 6-8 所示。

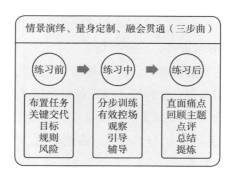

图 6-8　技能授课练习呈现三步曲流程

练习呈现采用的教学策略主要是示范 - 模仿、体验 - 领悟、引导 - 发现等策略，呈现形式主要表现为培训师做 - 学员做、学员做 - 培训师评、培训师诱 - 学员验、培训师引 - 学员悟、培训师引 - 学员思等方式，具体可采用演示法、练习法、演练法、情景模拟法、提问法、案例法、任务驱动法等方法安排教学活动。

技能类授课

（一）练习前——布置任务，关键交代

练习前，培训师要布置任务，强调规范，关键交代练习目标、练习规则、练习风险等。系统性的练习应设计分段训练，前段训练达标后，才进行后段训练，故练习前关键交代分为总体交代和分段交代。

（1）关键交代练习目标。是指在练习前，培训师明确交代练习任务及总目标；分段训练前，明确交代本段训练任务名称、内容、目标。注意，交代练习目标时应明确此练习任务与主体授课内容间的关系及检验标准（考评标准）。练习目标交代让学员明白"按什么标准练什么"。

（2）关键交代练习规则。是指在练习前，培训师明确交代练习活动总体安排和要求（包括练习分组、练习方法、练习环节、练习活动、练习要求、练习纪律等）；分段训练前，明确交代本段训练规则（包括练习方法、练习活动、练习要求、练习纪律等）。练习规则交代让学员清楚"按什么规则如何练，结果如何"

（3）关键交代练习风险。是指在练习前，培训师明确交代练习活动中可能产生的培训风险和安全注意事项，强调安全防控措施；分段训练前，明确交代本段安全风险及防控措施，强化学员安全意识、保命意识。练习风险交代让学员"要安全、懂安全、会保命"。

（二）练习中——分步训练，安全控场

练习中学员主要完成模仿训练、自主训练、技能生成三个训练环节，培训师需要在这三个环节中做到安全控场。练习策略主要表现为"培训师演–学员练–培训师点–学员悟"，培训师要"能演善点"，"点"的关键在观察、引导、辅导，"能演善点"贯穿全程，"分解分步"强化动觉，"互动互评"评估改进。各训练环节要点见表6-2。

表6–2 各训练环节要点

技能训练呈现				
技能训练阶段	训练对象	训练目标	训练活动流程	训练呈现技巧
动作模仿训练	（1）逐个动作模仿。 （2）逐步动作模仿	（1）每个动作模仿达标：安全正确、相对稳定。 （2）每步动作模仿达标：相对稳定、相对协调	任务布置、动作模仿训练、点评总结	示范讲解、多觉体验、分解训练、分步训练、边做边说

续表

技能训练呈现				
技能训练阶段	训练对象	训练目标	训练活动流程	训练呈现技巧
任务自主训练	逐个单元训练	（1）每个步骤操作达标： 准确、稳定、灵活。 （2）每个单元操作达标： 准确、连贯、协调	任务布置、 单元自主训练、 点评总结	巡查矫正、动作整合、 强化动觉、边说边做、 互动纠错
技能生成训练	单元整合训练	技能项目训练达标： 连贯、流畅、协调、适应	任务布置、 综合技能训练、 点评总结	合纵连横、教学互动、 概括分享、说想递进、 评估改进

1.模仿训练——（步骤动作）示范指导

模仿训练是指在培训师分解示范指导下，学员将主体学习阶段所形成原型定向（属智力技能，即知道做什么、怎么做的特定认知活动）和操作定向（属操作技能，即感悟做什么、怎么做的特定操作映像），以外显的实际动作方式进行"再现"体验，加强动觉感受的练习过程。

在此模仿训练阶段，培训师将练习任务单元化，（任务）单元步骤化，步骤动作分解化，即任务化整为散，动作化整为零，进行任务单元分步训练和动作分解训练，重点在动作训练。在分步训练和分解训练时，若当前训练不达标，则应退回起点重新训练，直到合格为止，方可进行后序训练。

模仿训练阶段学员具有行为刻意、不自然的行为表现，学员因动作不稳定、灵活性差、协调性差，易紧张、疲劳，常会产生多余动作，容易引发安全风险，培训师和教练要安全控场，有序组织学员练习。学员在刻意模仿阶段，培训师和教练、组长明确安全责任分工，各负其责，确保训练安全。要观察入微，观察到每一个学员动作、神情、观察现场设施即时状态、观察训练环境变化等，在确保安全的前提下，培训师重点观察学员行为细节。若发现同一组同一动作出现多个学员出错，这属共性问题，应立即叫停练习，集中指正、示范讲解，进行动作引导、心智引导、情绪引导；若是个性问题，应尽量采取个别一对一、手把手的纠错方式进行辅导和点拨。

模仿训练阶段是技能形成的关键阶段，必须在此阶段将错误动作在没形成动觉控制前消除，否则"习惯成自然"就要花更多时间和精力纠错，甚至导致学员形成错误的"技能"，一旦缺陷根深蒂固，难以改变纠正，将留下安全隐患。

2.自主训练——（任务单元）巡查矫正

自主训练是指学员把模仿练习所形成的正确动作通过操作整合（属操作技能，即将各分解动作相互结合，逐渐形成为定型、协调、连贯的动作过程）和原型操作（属智力技能，即将技能原型中所有系列动作按顺序与语言结合进行展示，做到边说边做或边做边说的过程），实现以外显的肌肉动作和外部语言的协作，即动觉控制和思维控制的协作。自主练习是逐渐形成具有一定稳定性、准确性、连贯性、协调性、灵活性一体化动作的固化行为过程。

自主训练一般先任务单元自主训练，后总体任务训练，重点在任务单元训练。前序任务单元不能整体连贯完成，不得进行后序单元整体训练。自主练习过程中，培训师一般先做任务单元整体连贯动作的边讲边演示范，接下来学员按任务单元做操作整合练习和边做边说或边说边做练习。在各任务单元自主练习结束后，培训师先做一个总体边讲边做示范，学员再做总体自主练习。

在整个自主训练过程中，培训师做好安全控场、有效控场和巡查矫正。培训师应全程仔细观察小组训练情况、训练设备设施状态、训练时间、空间、环境变化等确保训练安全有效，重点关注每个学员的实际自主训练效果，必要时对训练进度进行动态调整。对于实训过程中学员产生的共性问题导致训练进度滞后，培训师要叫停训练，进行集中引导纠正，可采用学员"再现"示错，其余学员观察点评存在问题，培训师后点评问题关键和风险防范，并完整示范。而对于个性问题，不应占用集中的训练教学时间，采取个别辅导的方式帮助改正。

通过动作整合训练，要求学员的每步操作动作相对稳定、准确、灵活，整体动作连贯、协调，严禁出现有安全风险的多余动作逐渐转化为"肌肉记忆"；通过边做边说或边说边做强化"思维语言"记忆，操作技能与智力技能的协调活动，做到"知行合一"，为技能的熟练打下坚实的基础。

3.技能生成——（技能整合）合纵连横

技能生成是指学员在自主练习的成果之上再通过综合练习、情景任务练习等来实现操作熟练（属操作技能，即动作具有高度稳定性、准确性、连贯性、协调性、灵活性、适应性，动作的执行达到高度的完善化和自动化）或原型内化（属智力技能，即动作脱离原型转向为内隐的内部语言）的过程。

学员可通过多次反复练习，充分利用有效的反馈，提高肌肉动作的调节和控制能力，建立稳定、清晰的动觉，借助智力技能的指导，将原型动作固化为"肌肉记忆"，生成操作技能。

学员智力技能的获得和表现依赖操作技能的内化与外化，动作的执行应遵循由出声的语言到不出声的外部语言，再到内部语言的顺序。通过说想递进、多重训练，将原型动作内化、概括、减缩，生成智力技能。

培训师通过合纵连横，将学员掌握的各项专业技能（操作技能或智力技能）整合应用到综合技能训练和情景任务训练中去呈现并检验生成技能的质量。此过程的关键要培训师能进行技能的整合，设计与真实任务相同场景及要求的训练任务，通过真实任务训练检验技能的生成情况，以便评估改进练习环节教学设计和教学组织。在此技能生成训练环节，培训师在有效安全控场的前提下，培训师通过任务观察，给学员提供概括分享的机会，引导学员不仅关注操作技能动觉控制"怎么做"，而且还有关注智力技能思维与语言控制"怎么说、怎么想"，强化"动手、动嘴、动心"协调一致，实现能力迁移。

（三）练习后——直面痛点，回归主题

各个练习环节结束后，围绕练习目标对练习进行点评、总结、提炼，其目的是正面回应练习中存在的问题，并提出改进建议，归纳总结要领，实现能力迁移。练习后点评总结策略形式可采用"培训师评 – 培训师总 – 学员听""培训师引 – 学员评 – 培训师总""学员评 – 培训师点 – 培训师总""学员评 – 培训师点 – 学员总""学员评 – 学员总 – 培训师点"。

（1）练习后的点评。针对练习中出现的技能问题、安全风险、重点掌握情况、难点化解情况等进行针对性点评，重点点评不足之处，不光指出问题，关键要给出问题解决办法，点评可采取培训师现场"示错示对"点评，也可采用学员"互相纠错"分享点评或培训师和学员互动点评等方式。

（2）练习后的总结。在练习点评基础上归纳总结技能关键要点要领。总结重点关注操作技能"记得住"。总结可采用培训师总结、学员总结或培训师和学员互动总结等方式。培训师应多给学员提供概括分享的机会，让学员不仅关注技能"怎么做"，而且关注技能"怎么说"，更加关注怎么才"记得住"，通过学员概括分享，强化对操作技能的领悟和把握。

（3）练习后的提炼。在练习总结的基础上，将归纳总结的结论提炼升华成技能操作诀窍，形成方法论，实训能力迁移。在培训师的引导下，尽量发挥学员的才智，提炼方法窍门。

四、结语呈现——"价值输出、完美收官，授人鱼渔"（三步曲）

结语是整个技能培训课程内容精华的总结，是课程的价值点集中体现，是课程画龙点睛之笔，与课程目标呼应。"价值输出、完美收官，授人鱼渔"结语呈现三步曲的流程如图6-9所示。

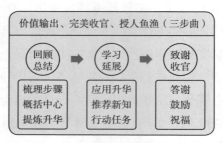

图 6-9　结语呈现三步曲的流程

结语呈现采用的教学策略主要是传递－接受、引导－发现等策略，呈现形式主要表现为培训师讲－学员听、学员讲－培训师评、培训师引－学员悟、培训师引－学员思等方式，具体可采用讲授法、提问法、任务驱动法等方法安排教学活动。

（一）回顾总结

技能训练课程结束后，要围绕课程目标和技能主题进行回顾总结。回顾总结主要从梳理步骤、概括中心、提炼升华三方面入手。

（1）梳理步骤是让学员将"肌肉记忆"中的操作步骤用"语言记忆"的方式概括减缩并表达出来。梳理出的步骤与导入中预告的操作步骤、主体中操作步骤、技能生成练习中操作步骤必须一致，否则造成学员思维混乱，记忆与现实不匹配。

（2）概括中心是对操作步骤中关键技能和知识概括出技能核心内容，这些内容是学员必须"记得住、做得到"的关键操作要领和风险防范。中心必须对应步骤，逻辑不能混乱。

（3）提炼升华是强化学员对技能核心的领悟和把握，进而提炼成技能诀窍或方法，可以灵活应用于其他场景，实现能力迁移。注意，提炼出的结论在其他场景应用时，必要的前提条件必须说明，不能省略。

回顾总结可采用培训师总结回顾、培训师和学员互动总结回顾等多种方式，尽量让学员参与其中，由学员间互动总结效果会更好。

（二）学习延展

学习延展是为学员指引学习提升之路，由于培训时间和条件有限，很多知识技能需要后期继续学习，所学知识技能在实践中如何应用等，都需要培训师给予方向指引。培训所学内容如何对接实际工作，可以从应用升华、推荐新知、行动任务三方面入手。

（1）应用升华。首先向学员说明所学知识、技能会在实际工作中应用场景、应用效果；其次说明应用方法、工具等。若所学知识技能在实际中应用有前提条件的必须明确说明。

（2）推荐新知。向学员推荐因培训局限未能向学员详细介绍的与所学知识技能关联的书籍、规程、标准等作为知识技能学习补充材料；也可向学员推荐便于学员提升知识技能的相关新知识、新技术、新工艺等学习内容；也可推荐解决相关问题的方法、技术方案等。推荐新知需契合本次培训内容及方向、契合学员能力、专业实际。

（3）行动任务。培训结束后，希望学员能学以致用、融会贯通，培训师会根据培训的课程目标布置一些回到实际工作生活中去解决或完成的任务，通过任务完成促进知识技能的掌握和运用。布置行动任务时，培训师必须做到布置的任务明确方法和要求切实可行。

（三）致谢收官

课程结束后，培训师完美收官，向学员答谢、鼓励、祝福。答谢、鼓励、祝福用语需契合培训目标、学员身份、工作场景等。

✿ 必备技能

必备技能 6-2：运用四步法进行技能授课呈现思路布局

场景描述

培训师根据教学设计运用"导入、主体、练习、结语"四步呈现方法进行

技能类授课

操作技能现场授课呈现。

操作步骤及要领

第一步：教学设计要素情景化。根据教学设计和教学场景实际，明确教学内容、教学策略及教学方法、教学手段。

第二步：授课思路呈现程序化。按"导入、主体、练习、结语"呈现思路进行呈现程序及内容布局。

第三步：授课内容呈现具体化。按授课思路呈现的程序将各环节具体授课的内容具体概括，符合内容逻辑和认知规律。

第四步：教学活动呈现操作化。根据具体的教学内容和选用的教学策略，具体构思设计具有操作性的教学活动，包括教学流程、培训师活动、学员活动等。

第五步：将技能授课呈现过程填入表 6-3 中，按表 6-3 开展技能授课。

表 6–3 技能授课呈现过程

教学环节		呈现思路	呈现内容	呈现活动 （教师活动和学员活动）	
				教师活动	学员活动
导入	情景设置	自我介绍	个人信息 + 专业背景 + 工作经历		
		情景介绍	项目介绍 + 前情回顾 + 任务交代		
		规则交代	考勤分组 + 纪律强调 + 安全交底		
	主题导入	导入内容	导入素材关键词、句		
		导入结论	导入结论关键词、句		
		导入点题	逻辑过渡到培训课题		
	开场预告	预告任务目标	与训练技能项对应的任务目标		
		预告流程步骤	训练技能项的操作步骤		
		预告培训风险	人身风险 + 设备风险		
		预告教学安排	教学环节 + 时间安排 + 方法手段		
主体	总	总述"做什么"	总述流程步骤		
	分	分步"总" （"做什么"）	讲：关键操作步骤 + 关键操作点		
		分步"分" （"怎么做"） （分步"分"动作 讲解与示范）	讲演：关键操作行为 + 关键操作要领 + 关键风险点 + 关键防控措施		
		分步"总" （分步小结与下步 预告）	讲： 分步小结：做什么，关键怎么做。 分步预告：逻辑过渡到下一步"做什么"		

续表

教学环节	呈现思路		呈现内容	呈现活动（教师活动和学员活动）	
				教师活动	学员活动
主体	分	…（分步"总－分－总"）…	…循环使用…		
	总	总体回顾小结	单元小结＋逻辑过渡到"练习"环节		
练习	前任务布置关键交代	交代目标	练习任务＋练习目标		
		交代规则	活动安排＋练习要求＋练习纪律		
		交代风险	风险预告＋风险防范		
	中分步训练安全控场	模仿训练	步骤动作：示范指导＋观察＋引导＋辅导		
		自主训练	单元训练：巡查矫正＋观察＋引导＋辅导		
		技能生成	技能整合：合纵连横＋观察＋引导＋辅导		
	后直面痛点回归主题	问题点评	查找问题＋点拨关键＋评议整改		
		要领总结	负面总结＋正面总结＋全面总结		
		方法提炼	技巧＋窍门＋方法（视情况提炼，可省略）		
结语	回顾总结	梳理步骤	操作步骤（一二级标题）		
		概括中心	关键操作点＋关键操作要领＋关键风险点		
		提炼升华	简单易记的结论		
	学习延展	应用升华	应用场景＋应用方法		
		推荐新知	规程标准＋前沿技术		
		行动任务	任务名称＋任务要求		
	致谢收官	答谢	答谢学员		
		鼓励	鼓励学员		
		祝福	祝福学员		

要点回顾

本节重点介绍授课呈现四步法的流程及呈现要领。其中导入包括情景设置、主题导入、开场预告，重点在情景介绍、规则交代、预告目标、预告步骤、预告风险、预告安排等；主体原则上按总分总逻辑进行，重点在每步分的讲解和示范；练习按练习前、练习中、练习后开展，练习前关键交代任务、目标、规则、风险，练习中分步训练、安全控场，练习后直面痛点、回归主题；结语重点在于梳理步骤、概括中心、应用升华等。

第三节 技能实操考核（验技能）

◎ 关键要点

培训师在完成技能授课后，一般会开展技能考核，对培训效果进行直接评估。技能考核主要包括考核标准编制、考核组织实施、考核结果点评分析等内容，其中测评标准制定和测评实施为重点，考核结果点评为难点。技能实操考核关键要点如图 6-10 所示。

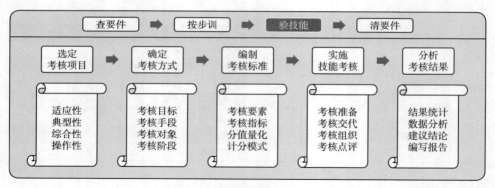

图 6-10　技能实操考核关键要点

✍ 必要知识

一、技能考核内涵

技能考核是培训师用于衡量技能训练是否达成课程目标的重要手段，是对技能培训效果进行评估的最常用、最直接的一种办法。

技能考核是以项目胜任力为核心，将培训效果考核融于实际工作技能中。用与实际工作技能一致的操作内容、操作标准，来规范学员的操作行为，判明培训的有效性，检测衡量学员技能的掌握程度。

对于技能类培训的考核，主要以实际动手为主完成的操作技能或智力技能项目考核为主，可以是单项技能考核，也可以是组合项技能考核。

二、技能考核方式

确定技能考核方式是指搭建与技能实际应用环境一致或相似的考核测试环境，培训师可根据考核目标、考核手段、考核对象及考核内容的不同，选择相应的技能考核形式。技能考核形式分类见表6-4。

表6-4　　　　　　　　　　技能考核形式分类表

分类	方式	描述
按考核目的分	结果性考核	对技能训练结果进行量化考核，侧重结论性评价，考核最终学习质量情况
	过程性考核	对技能训练过程进行量化考核，侧重过程性评价，考核全程学习状态情况
按考核目标分	操作技能	动作技能，侧重于学员动手、操控能力测试
	智力技能	认知技能，侧重于学员分析、解决问题能力测试
	综合技能	侧重于学员动作和认知综合性能力测试
按考核手段分	岗位现场操作	对应生产现场"实物实景"培训方式，考核现场技能操作能力
	实训场地操作	对应于实训场地"实物虚景"培训方式，考核实际技能操作能力
	仿真平台操作	对应于生产模拟"虚物虚景"培训方式，考核逻辑思维和解决问题的能力
	情景模拟操作	对应于角色扮演"虚物虚景"培训方式，考核解决问题和人际处理能力
	岗位模拟操作	对应于岗位模拟"虚物实景"培训方式，考核岗位业务技能操作能力
按考核对象分	单体考核	针对学习个体考核
	团体考核	针对学习小组考核
按考核阶段分	集中式考核	针对培训与考核分离的考核，培训结束后集中考核
	模块式考核	针对模块式培训与考核一体的考核，培训一模块就考核一模块

三、技能考核标准

（一）考核内容确定

技能考核内容要对接培训任务目标和培训课程大纲、教学内容等，考核内容确定，首先应确定考核项目，其次应确定考核要素（项目内容）。

技能考核项目要切合工作任务和岗位技能要求，项目任务和内容要与生产实际要求相匹配，有利于提升学员动手能力与解决问题的能力。考核项目选定应符合"适应性、典型性、综合性、操作性"的要求。适应性是指考核项目契合培训目标,难易度适合大多数学员,能区分不同学员技能等级水平;典型性是指考核项目契合培训目标,以工作核心能力为依据,项目具有操作典型性、针对性;综合性是指考核应体现出学员多项专业技能的综合运用能力;操作性是指考核项目立足实际场景和考核方式的要求,充分考虑考核实施的可行性和效果性。

技能考核项目确定后,应着重确定项目中考核要素或考核指标。考核要素或考核指标的确定可以引入职业技能标准或岗位胜任能力标准,按岗位实际工作的要求划分指标。比如按作业过程可分为作业准备、作业实施(作业步骤、作业要求、注意事项)、作业终结等环节,各环节再分别设置考核点和考核指标等。考核点和考核指标可以从安全文明生产指标、规范化操作指标、标准化作业指标等方面设置。考核点和考核指标的设置不应是实训内容的简单重复,而应以反映学员对技能操作的整合、迁移、综合和灵活运用的能力为主,重点关注核心技能考核点(对操作结果、产品质量、生产安全有直接影响的关键环节)。

(二)评分标准确定

评分标准确定就是对项目考核要素和考核指标进行分值量化和计分模式的确定,技能考核评分标准见表6-5。

表 6-5   技能考核评分标准表

考核项目名称				考核单元名称			
序号	考核内容	考核要素(考核指标)	标准描述(质量要求)	标准分	评分标准(质量等级给分或扣分)	是否达标	得分(或扣分)
1							
2							
3							

对考核要素和考核指标进行分值量化分配是考核的重要环节,直接关系到考核过程和考核结果的量化,分值权重的分配应体现考核指标的重要性和对学员的实践导向性。为突出核心技能或关键事项,确保安全生产,可采用强调的核心指标或安全指标设置为"一票否决",即强调的核心步骤或安全指标中有

原则性操作错误或漏操作等，将严重违反安全操作规程或造成生产事故的，考核为不合格，其余核心能力项可设为必考项，若出现操作错误、操作顺序颠倒或操作漏项等计为零分。其余非核心能力项可酌情扣分。分值的量化最好有详细的给分项和扣分项，每项有明确的客观的评价实体。

计分模式直接影响技能操作过程考核的实施，对考核的有效性起决定作用。计分模式应具有良好的操控性，计分过程应尽量简单化、流程化、客观化，避免评分模糊性，增强计分的客观性、精确性。建议最好采用"是与否"加质量效果等级的选择计分方式。

四、技能考核实施

技能考核实施流程主要包括考核准备、考核交代、考核组织、考核点评等环节。

（一）考核准备

考核准备包括考核场地准备、考核资料准备、考核师资准备。

1.考核场地准备

培训师根据考核项目和考核标准提出考核场地需求清单，交由基地工作人员按清单准备考核场地。

考核场地准备要根据实训场地实际条件，对接培训目标，结合考核项目、考核标准和考核分组，搭建技能考核模拟工作场景。为了避免各考核小组考核的差异性，要求每个考核小组考核工位的考核场景一致，设备状态与功能要求正常一致，每个工位"安健环"（安全、健康、环保）设施齐备完好。

除了准备考核场地设备设施外，还要根据考核要求准备各工位必需的仪器仪表、工器具、耗材等和必要的辅助设施，如打印机、纸张、胶布、笔、桌椅、备品备件等。

基地工作人员按考核场地需求清单准备好场地后，培训师负责到现场核实验收，考核场地所有准备通过验收后，应对考评场地进行围蔽、挂牌，未经允许不能擅自进入。

2.考核资料准备

培训师根据考核项目准备相关考核资料，考核资料包括考核评分标准、任务观察记录表、学员成绩登记表、考核用图纸资料、考核手册（考核师资用、学员用）等。

3.考核师资准备

主讲培训师应根据事先预确定的考核项目、考核方式、考核标准和学员考核分组情况等设立项目考核师资小组，每个考核小组成员一般不少于 3 人，各配备主考、副考、监考等角色，以团队化协作完成小组考核任务。主讲培训师负责主持统筹考核各项工作。

考核前，所有考核培训师应提前到场熟悉考核环境，熟悉考核项目操作流程、操作要领、操作风险等，集体研讨考核方式、考核标准和计分模式，达成共识，确定最终执行的考核标准；各考核小组师资应仔细检查考核必需资料，包括评分标准、评分规则、任务观察表、学员成绩分析表等是否齐全、正确；各考核小组师资应到考核现场仔细核查考核场地环境、设备设施、工器具耗材、考核工位布置、安全防护设施布置等准备是否满足考核项目及考核标准的要求，并对检查结果进行记录、确认，完善考核场地。

（二）考核交代

技能考核前，考核培训师向学员明确交代考核任务、考核规则、考核安全。

（1）考核任务交代。向学员明确交代考核项目名称、考核目标、考核模块、考核过程及考核安排等内容。

（2）考核规则交代。向学员明确交代考核分组及考核顺序、考核评分规则、考核组织纪律、考核注意事项等内容。

（3）考核安全交代。根据考核前对考核环境、考核场地、考核项目作业等存在的风险因素对学员进行安全交底，提高学员安全防范意识，杜绝培训安全事故发生。

（三）考核组织

由考核培训师小组负责组织技能考核，考核师资团队即协作又有明确分工。有序组织学员就位考核，考核时边说边做相结合，其余候考学员进行现场任务观察并记录作业行为。

考核培训师小组现场测评，每位考核师资对每一位学员现场操作进行考核计分，并认真记录作业流程中不规范的作业行为，若出现评分标准中"一票否决"行为时，应停止对学员考核，需下次补考（考核点评结束后，培训师安排辅导训练再按评分标准进行补考）。

考核培训师除了计分外，还需完成考核过程安全监督及风险防范。

（1）考核过程中，学员必需按考核标准要求首先做好个人安全防护和现场安全防护，经考核培训师检查合格后才能开考，考核过程中重点关注涉及人身风险和设备风险的行为，杜绝考核过程中出现人身、设备安全事故。

（2）监督学员严格遵守考场纪律，现场候考学员不得随意走动，不得做与考核无关的事情。

（3）现场考核过程中若遇来自学员、环境、设备等突发状况，考核培训师需现场应急处理，必要时对测评时间、内容或方式等做出调整。

（四）考核点评

技能考核是测试技能训练效果的一种有效手段，不是技能训练的目的。技能考核结束后，培训师应组织现场点评，并将学员考核结果及存在问题反馈给学员。培训师最好组织互动点评，便于学员自己、学员之间评估技能训练的效果，判断并明确需要改进强化训练的地方。互动点评可以采用自我点评＋小组点评＋考核培训师点评等多种方式组合进行。

充分利用学员现场任务观察及记录的结果，帮助学员相互查找问题，共同进步，也弥补考核培训师现场评分及记录的不足，同时为技能考核结果分析提供打下基础。

五、技能考核分析

为了全面评估改进技能教学效果，促进员工技能提升，技能考核结果需要对接培训目标，结合评分标准进行统计分析。

培训师可以采取多维度信息采集分析，对考核中出现的共性问题、学员失分率高的环节或考点进行统计分析。考核结果统计分析一般包括计分结果统计和测评数据分析两部分。

（1）计分结果统计。按测评标准中测评要素（或测评维度）进行分类统计，统计各要素的得失分比例，按分数区间段对考核成绩结果进行统计。

（2）测评数据分析。培训师按考核要素进行考核效果、考核质量分析，从中发现培训中存在培训活动设计等问题；对成绩按高到低进行区段人数、百分比等情况分析，从中发现需要强化培训的对象特征等。

培训师根据计分结果统计和数据分析，结合考核点评撰写《项目考核分析报告》，找出学员的优劣势环节和存在问题的根源，准确和全面评估培训教学效果，有针对性地提出改进与提升的措施，为下次针对性培训提供指引。

🔍 必备技能

必备技能 6-3：实施技能考核

场景描述

培训师在完成了技能类授课呈现环节后，开展学员学习效果检验的技能实操考核工作。

操作步骤及要领

第一步：选定考核项目。考核项目来自培训课程中的单个任务单元或多个任务单元或全部内容。选定的考核项目要对接课程任务目标和训练大纲，培训师可针对核心技能进行整合设计考核项目。考核项目选定应符合"适应性、典型性、综合性、操作性"的要求。

第二步：确定考评方式。根据实际需要，培训师可从考核目的、考核目标、考核手段、考核对象、考核阶段等方面确定考评方式。

第三步：编制考核标准。编制考核标准应首先确定项目中考核要素或考核指标，然后对考核要素和考核指标进行分值量化和计分模式的确定。

第四步：实施技能考核。技能考核实施流程主要包括考核准备、考核交代、考核组织、考核点评等环节。

第五步：分析考核结果。对考核计分结果进行统计和对测评数据进行分析，得出建议结论，并撰写《项目考核分析报告》。

将具体考核过程及工作内容填入表 6-6。

表 6-6 技能考核实施表

选定考核项目					
确定考核单元					
确定考核方式	按考核目的分	按考核目标分	按考核手段分	按考核对象分	按考核阶段分
编制考核标准	一级维度 考核内容	二级维度 考核要素	标准描述 （质量要求）	分值（占比）	评分标准 （得分或扣分标准）
实施技能考核	考核准备				
	考核交代				
	考核组织				
	考核点评				
分析考核结果					

案例分享

案例分享 6-2：《低压三相四线电能表装表接电技能培训》技能考核实施

案例场景

廖某某培训师根据《低压三相四线电能表装表接电技能培训》教学目标和教学内容，编制了技能考核标准，并组织实施技能考核，其技能考核过程见【二维码 6-2】。

【二维码 6-2】

案例分享 6-2：
《低压三相四线电能表装表接电技能培训》技能考核实施

要点回顾

本节重点介绍了技能实施考核步骤，其包括选定考核项目、明确考核内容、选择考核方式、编制考核标准、实施现场考核、考核结果分析。其中考核方式可采取多种方式组合，根据考核内容和考核方式编制考核标准，根据考核标准实施技能考核的考前准备、考核交代、考核组织、考核点评等环节，最后对考核结果进行统计分析并撰写《项目考核分析报告》。

第四节 实训课后清理（清要件）

关键要点

技能实训授课结束后，培训师必须做好实训终结收尾工作。实训终结收尾工作主要包括实训现场清点整理和实训资料归档等工作。实训课后清理关键要点如图 6-11 所示。

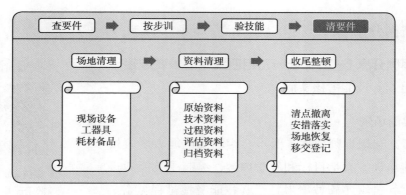

图 6-11　实训课后清理关键要点

必要知识

一、场地清理

实训场地清理是指实训终结后，清理实训现场设备设施，将实训现场恢复为实训前状态的过程。场地清理包括清理设备、清理工器具、清理耗材备品等工作。

（一）清理现场设备

将实训现场或工位的所有设备按场地准备清单进行清点整理。若设备设施本身为场地或工位配备设备设施，将实训动用过的设备设施恢复到实训前状态

（定位位置、运行状态），并整理清扫场地卫生，保持现场整洁干净，对有损坏或功能改变的要进行登记，记录入培训日志；若设备设施是为了此次实训而外带入现场，应按清单清点整理完好归还，并做好交接登记。

（二）清理工器具

将现场安全工器具、仪器仪表和其他工具，按清单清点收齐、整理清洁。若工器具为场地或工位配备工器具，按实训前状态归位定置摆放，填写使用登记表；若工器具为从外带入的，应按清单清点收齐、整理清洁，封装归还，并做好交接登记。严禁将工器具遗留、丢弃现场。

（三）清理耗材备品

将剩余的材料收集整理，放置实训前规定位置；对使用过的耗材、废材等进行清扫，按相关规定处理，不得遗留在现场或乱丢乱放。

二、资料清理

技能实训会带入许多有用资料，同时也会产生资料垃圾。实训结束后将各种资料归类清理整顿。

根据资料准备清单，清理设备原始资料和相关技术资料，登记移交；现场作业用过程资料和评估资料，若不作存档材料的可直接销毁，若作归档原始材料的归类整理，纳入归档材料；培训师用资料和学员用资料属于个人的本人清理带走，不得遗留在现场或随意丢弃。

现场考核资料、评估资料、考勤记录表等属于归档资料的，按培训归档资料要求整理归档。涉及公司技术资料、个人信息资料等要注意保密。

三、收尾清理

（一）现场人员清点撤离

实训终结后，学员撤离现场前，培训师要对学员进行考勤清点，学员在规定时间内全部撤离现场，培训师对现场进行人员检查，不允许学员在培训场地逗留，以免发生不必要的意外。等学员全部撤离后，清理现场并移交工作人员后，师资团队统一撤离。

（二）现场安全措施落实

实训终结后，实训现场清点整理和学员撤离后，培训师在将设备恢复到实训前状态时，落实好设备安全措施，协助实训基地工作人员对实训场地进行断水、断电（复电）、封闭等，对自备的安全措施，如安全围栏设置、临时标志牌等进行拆除。

（三）移交登记

培训师结束上述工作后，移交培训归档资料给项目负责人，针对实训项目完成情况、实训设备使用情况、实训耗材消耗情况、实训考核情况等内容登记填写实训教学日志。

✿ 必备技能

必备技能6-4：技能实训结束后进行实训现场清理整顿

场景描述

培训师在完成了技能实训所有环节后，进行现场清点整理、整顿收尾工作。

操作步骤及要领

第一步：实训用资料清理，包括清理设备原始资料和技术资料、清理实训过程资料、实训考核资料，并提交实训归档资料。

第二步：现场人员清点撤离，包括清点学员、撤离学员、培训师和现场其他人员。主讲培训师和基地工作人员待现场恢复到实训前状态并做好安全措施后才撤离。

第三步：实训场地清理，包括清理实训设备、清理工器具、清理材料及清扫现场。

第四步：现场安全措施落实（设备安全措施落实、自备安全措施拆除、现场恢复原态），设备、资料移交登记，撤离全部收尾人员。

按上述步骤进行清理整顿，并将清理检查情况填入表6-7。

表 6-7

课后清理表单

实训项目信息	项目名称								
	项目目标								
	培评方式								
基地场地信息	工作区域（实训室）		现有工位数		实训分组				

	培训时间	年 月 日至 日，共 天
	学员情况	男 人、女 人、共 人
	师资配置	培训师 人、教练 人

设备器材清理	设备器材清单					清理检查情况（符合√、不符合×）			
	分类	名称	规格	数量	齐全性	完好性	恢复原态	安措落实	移交登记
	主要设备								
	辅助设备								
	仪器仪表								
	安全工具								
	其他工具								
	备品耗材								
	其他辅助								

实训资料清理	资料清单				清理检查情况（符合√、不符合×）			
	分类	名称	份数	齐全性	完好性	规范性	是否培训归档	移交登记
	设备原始资料							
	作业技术资料							
	实训过程资料							
	评估过程资料							
	培训班归档教资							

收尾清理整顿（符合√、不符合×）	学员已全部撤离	其他人员已全部撤离	现场工位已清扫	自设安措已拆除	设备安措已落实	现场原态已恢复	设备资料登记移交登记	收尾人员已全部撤离	实训结束

案例分享

案例分享 6-3：《低压三相四线电能表装表接电技能培训》课后清理检查

案例场景

廖某某培训师团队在培训结束后，开展课后清理工作，其课后清理过程及检查见【二维码 6-3】。

【二维码 6-3】

案例分享 6-3：《低压三相四线电能表装表接电技能培训》课后清理检查

要点回顾

本节重点介绍实训结束后课后清理的内容和要点。课后清理主要包括场地清理、资料清理、收尾整顿等。其中场地清理主要指对场地的设备器材进行清理，包括现场设备、工器具、耗材备品等；资料清理主要包括原始资料、技术资料、过程资料、评估资料、归档资料；收尾整顿主要包括人员清点撤离、安措落实、场地恢复、移交登记等。

实践案例

实践案例 6-1：《变压器铁芯及夹件泄漏电流测量技能培训》技能教学实施

案例场景

韩某某培训师在完成了技能教学准备工作后，将开展现场技能教学实施，填写了课前检查、授课呈现、技能考核、课后清理等成果表单，见【二维码 6-4】。

【二维码 6-4】

实践案例 6-1：《变压器铁芯及夹件泄漏电流测量技能培训》技能教学实施

实践案例 6-2：《钳表法测量架空线路杆塔接地电阻技能培训》技能教学实施

案例场景

李某某培训师在完成了技能教学准备工作后，将开展现场技能教学实施，填写了课前检查、授课呈现、技能考核、课后清理等成果表单，见【二维码 6-5】。

【二维码 6-5】

实践案例 6-2：《钳表法测量架空线路杆塔接地电阻技能培训》技能教学实施

实践案例 6-3：《10kV 架空线路柱上开关的停电操作（运行转冷备用）技能培训》技能教学实施

案例场景

郑某某培训师在完成了技能教学准备工作后，将开展现场技能教学实施，填写了课前检查、授课呈现、技能考核、课后清理等成果表单，见【二维码 6-6】。

【二维码 6-6】

实践案例 6-3：《10kV 架空线路柱上开关的停电操作（运行转冷备用）技能培训》技能教学实施

▶ 本章小结

本章重点介绍了技能教学实施的课前检查、授课呈现、技能考核、课后清理四部分内容，这四部分内容前后紧密关联，相互衔接，实现教学实施闭环。

课前主要检查场地、资料、安全措施、人员，检查步骤为明要求、查现场、查资料、查人员；授课呈现步骤为导入、主体、练习、结语四步，导入包括情景设置、主题导入、开场预告，主体原则上按总分总逻辑进行，练习按练习前、练习中、练习后开展，结语重点在于梳理步骤、概括中心、应用升华等；技能实施考核步骤包括选定考核项目、明确考核内容、选择考核方式、编制考核标准、实施现场考核、考核结果分析；课后清理主要包括场地清理、资料清理、收尾整顿等。

▶ 培训目标

任务目标:

(1)在技能培训实施过程中，能按照技能培训过程管控要求进行具体技能项目实训培训过程管控，确保实训培训有序高效实施。

(2)在进行培训实施过程中，能按照技能培训安全管控要求进行具体技能项目实训培训安全管控，确保实训培训安全高效实施。

知识目标:

(1)正确简述技能培训过程管控要素、维度及管控要点。

(2)正确描述技能培训安全管控要素、维度及管控要点。

(3)正确简述技能培训质量管控要素、维度及管控要点。

▶ 内容导图

技能培训教学管控是指为达到技能培训目标，确保技能培训活动顺利开展、技能训练安全、技能培训效果，对技能培训全过程开展的管理与控制活动，本章主要从实训过程管控、安全管控和质量管控三方面开展培训管控。技能培训教学管控内容导图如图7-1所示。

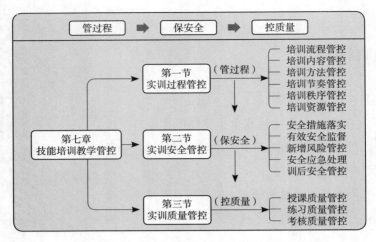

图 7-1　技能培训教学管控内容导图

第一节　实训过程管控（管过程）

关键要点

　　培训师应充分考虑学员学习特质、技能训练项目场景和技能项目作业实际，在开展技能培训实施的同时，加强培训过程管控。培训过程管控中涉及培训安全管控、培训质量管控的内容另单独描述，培训过程管控关键要点如图 7-2 所示。

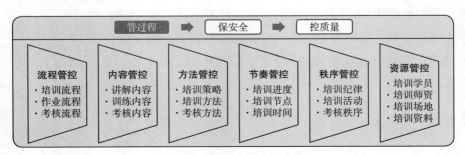

图 7-2　实训过程管控关键要点

✎ 必备知识

一、流程管控

流程管控主要从技能培训流程、作业流程、考核流程三方面进行过程把控，详细内容描述如下。

（一）培训流程管控

技能培训流程管控是按课前检查、导入（培训开场）、主体（示范讲解）、练习（技能训练）、结语（培训总结），课后清理等流程规范授课，其中课前检查、主体（示范讲解）、练习（技能训练）、课后清理等环节须对接标准化作业流程实施培训。培训流程可划分为授课前、授课中、授课后三阶段。

（1）授课前，查要件、保合格。按"第六章第一节"相关内容，对培训资源（场地、人员、资料）和安全预控措施进行全面核查，确保培训前培训要件检查到位且合格，对检查不合格的必须现场及时整改，以确保培训顺利实施。从培训流程角度，重点查培训资料、培训学员和培训师资，其余在作业流程中重点检查。

（2）授课中，按程序、抓重点。严格按"第六章第二节"相关内容，应用"四步法"培训程序规范完成技能授课，其中导入三步中重点抓"开场预告"，主体三步中重点抓"分步讲解、分解示范"，练习三步中重点抓"分步训练：模仿练习、自主练习、技能生成"、结语三步中重点抓"概括中心、提炼升华、应用升华"。

（3）授课后，清要件、防遗漏。严格按"第六章第四节"相关内容，对场地、资料、人员等进行全面清理整顿，确保场地复原、人员撤离、资料归档。从培训流程角度，重点清点培训归档资料和清点考勤学员。

（二）作业流程管控

作业流程是指技能项目在实际生产中的工作流程，技能实训操作应严格按实际标准化作业流程操作。作业流程管控就是要按标准化作业流程，规范培训师示范和学员操作步骤、操作要领，对不符合标准化作业流程要求的不规范行为或错误行为，予以及时纠正及控制。标准化作业流程可划分为作业前、作业中、作业后三阶段。

（1）作业前，查要件、保合格。技能项目作业训练前，应严格按标准化作业要求，重点对作业场地、作业设备、作业工器具、作业票据、作业安全措施等方面进行检查，确保检查对象合格，对检查不合格的必须现场及时整改。

（2）作业中，按步训、控风险。技能项目作业训练时，应严格按标准化作业步骤，逐步训练。要求培训师在授课示范时严格按步骤规范示范每步关键操作要领、关键风险防范；学员在步骤模仿训练、任务自主训练、技能生成训练等环节必须严格按照标准化作业操作步骤、操作要领、风险防范进行规范训练，培训师须全程巡查、有效管控，对不符合标准化作业流程要求的不规范行为和错误行为进行及时纠正和控制。

（3）作业后，清现场、防遗漏。技能项目作业终结时，严格按项目标准化作业要求进行作业终结现场清理，重点清理整顿作业现场、工器具清点归位等。

（三）考核流程管控

考核流程管控是指对考核实施全流程管控，确保考核顺利实施，到达考核预期目标。考核流程分为考核前、考核中、考核后三阶段。

（1）考核前，定内容、明标准。在技能培训实施前，培训师必须根据培训目标和培训重点，预先确定考核项目、考核内容、考核方式（一般在培训整体设计环节完成），并做好相关考核准备，其中重点准备考核标准，考核标准既是学员训练的标准，也是检验实训培训效果的标准，必须在实训前编制并经培训师现场验证其合理性和操作性。

（2）考核中，按程序、抓重点。技能训练结束后，培训师严格按考核程序实施技能考核。考核前必须重点交代考核规则和进行安全交底；考核过程中严格按考核标准进行客观公正考核评分，同时必须全程加强安全监督；考核结束后，直面痛点点评、正面矫正总结。

（3）考核后，找问题、求改进。技能考核结束后，培训师必须对考核数据进行统计分析，查找不足、正视问题，分析原因、寻求改进，总结完善考核流程和考核标准。

二、内容管控

内容管控主要从培训师讲解示范内容、学员训练任务内容、技能考核标准三方面进行过程管控，详细内容描述如下。

（一）讲解示范内容管控

讲解示范内容管控是指对培训师现场授课主体部分所讲授和示范的内容进行把控。培训师主体授课内容必须紧扣课程目标和主题，严格按标准化作业要求进行逐步讲解，示范其关键操作点、关键操作要领、关键操作风险点并进行防范。

（1）授课前，熟内容、强演练。技能授课前培训师将授课内容娴熟于心、准备到位、明确重难点。按标准化作业要求进行全程操作演练，边讲边做，自我检查内容是否熟记、操作是否规范、是否有遗漏等，保证操作规范完整的前提下进行授课演练，自我检查授课程序和内容是否到位，对重点难点内容，要针对性强化操作演练和授课演练，确保培训师授课规范娴熟。

（2）授课中，强重点、化难点。讲解示范时，培训师采取多种方法和手段强调重点和化解难点，确保关键操作步骤、关键操作要领、关键风险及防范讲解示范到位，让学员听明白、记得住、悟得到。

（3）授课后，善总结、找中心。每步小结到位，概括提炼每步中心要点，重点突出安全技能和核心技能。

（二）训练任务内容管控

训练任务内容管控是指培训师在技能培训实施练习环节对训练内容的把控。训练内容必须紧扣课程目标、对接授课核心技能和考核标准，严格按标准化作业要求进行训练。

（1）练习前，明内容、设活动。对接目标落实训练项目及匹配资源，按标准化作业要求设计训练活动，确保训练内容真实完整，符合标准化作业要求，重点突出安全技能和核心技能。

（2）练习中，抓关键、强训练。在各训练环节，根据标准化作业要求和技能考核标准重点抓安全技能和核心技能训练。其中模仿训练，突出安全技能和核心技能的步骤动作模仿；自主训练，突出安全技能和核心技能的任务单元训练；技能生成，突出安全技能和核心技能的技能整合训练。

（3）练习后，纠痛点、给指引。训后重点围绕安全技能和核心技能训练情况进行点评总结，点评时要指出问题，关键还要给出问题解决办法，总结关键技能要点、要领。

（三）技能考核标准管控

技能考核标准管控是指培训师在确定考核项目、考核维度、评分标准等方面进行把控。考核标准中考核维度和评分标准直接影响技能培训效果，在技能训练时应按作业标准训练，技能考核时应严格执行考核标准。

（1）考核前，定标准、验内容。对接课程目标和训练任务，匹配资源，落实技能考核标准，重点突出关键技能。培训师必须对标准娴熟于心、融入培训内容、现场测评检验，确保标准内容符合实际、客观准确、可操可控。

（2）考核中，循标准、管落地。在技能考核环节进行考核评分时必须严格执行考核标准，重点关注安全技能和核心技能中"一票否决项"。

（3）考核后，精总结、善传承。技能考核结束后，从授课、练习、考核等环节，全面检查审视标准使用效果情况，查找标准的缺陷或不足，结合项目实际和考核结果分析，全面总结并修改完善标准，以便沉淀传承使用。

三、方法管控

方法管控主要从培训策略、培训方法、考核方法等方面进行管控，详细内容描述如下。

（一）培训策略管控

技能培训不同培训环节培训策略有所不同，应根据培训目的、培训内容、培训场景等选用不同培训策略。

（1）授课前，依环节、选策略。根据不同培训环节选用不同培训策略，对培训流程做总体布局。在导入环节一般选用传递–接受、引导–发现策略，在主体环节一般采用传递–接受、示范–模仿、引导–发现等策略，在练习环节一般采用示范–模仿、体验–领悟、引导–发现等策略，结语环节一般采用传递–接受、引导–发现等策略。技能授课前，培训师根据选用的培训策略设计培训流程进行培训。

（2）授课中，按规律、用策略。培训师应灵活运用培训策略，按培训流程组织培训活动和授课。组合运用策略时，按成人学习规律、认知规律和培训规律排列策略呈现方式。

（3）授课后，善总结、会反思。课后及时总结培训策略运用效果和不足的情况，开展培训策略反思改进，对培训策略再认识、再思考，针对存在的问题，提出策略的改进措施。

（二）培训方法管控

培训师应根据培训内容和策略选用多种培训方法培训，灵活安排培训活动。

（1）授课前，依策略、选方法。在培训策略引导下，培训师结合培训内容特点、学员特征、时间要求、资源配置等选择培训方法，设计好培训活动。

（2）授课中，巧组合、保效果。在不同培训环节，依据选用的培训策略，灵活组合运用方法培训，有效掌控培训活动，特别是学员活动，确保培训秩序可控、培训时间可控、培训氛围良好。

（3）授课后，善总结、再设计。根据培训效果和反馈情况，总结示范及训练方法在运用中的不足或把控不到位的情况，开展培训方法反思改进，再优化设计培训活动。

（三）考核方法管控

培训师应根据培训目标和考核内容选择恰当的考核方式和考核方法，并正确运用。

（1）考核前，明目的、选方式。培训师可根据考核目标、考核手段、考核阶段、考核对象等的不同，选择相应的技能考核形式，只有选准了考核方式，才能制定具有针对性的考核标准，设计出规范的考核实施环节。

（2）考核中，精组织、控活动。培训师根据预先选择的考核方式和考核评分标准，精心做好考核准备、考核组织，在考核实施中正确规范运用考核方法和手段，有效掌控考核活动，确保考核效果。

（3）考核后，善总结、堵漏洞。考核结束后，培训师应善于进行考核总结，总结考核方式和方法是否真实体现考核标准，是否有漏洞。发现考核方式选择不合适、考核方法不科学，应分析总结问题，堵塞漏洞，确保后序考核真实、可信、可靠、合理。

四、节奏管控

节奏管控主要从实训进度、实训节点、培训时间等方面进行过程管控，详细内容描述如下。

（一）培训进度管控

从实训项目中训练任务单元划分合理性、实训项目总体进度及各任务单元进度安排合理性、各任务单元时间分配合理性等方面进行培训进度管控。

（1）授课前，划任务、告进度。培训师根据实训项目特点，将实训项目合理划分为若干任务单元，对实训进度和时间安排做整体合理安排，在实训开场预告中明确告知学员实训总体进度及时间安排，既告知学员按进度参训，又提醒师资按进度培训。

（2）授课中，控总体、调细节。实训培训按总体进度计划推进，原则上一般不改变实训进度和时间安排，尽量少调整单元间进度和时间分配。必要时，在不影响整体进度和时间安排下，可适时酌情调整单元间进度和时间分配，培训师可适时合理调整单元内部进度和时间分配。

（二）培训节点管控

培训节点管控是指按实训进度安排，在规定时间节点内完成关键任务、关键环节、关键操作等关键节点内容。

（1）授课前，明任务、告节点。在各项任务操作之前，培训师要明确任务及任务节点（任务内容节点和时间节点），明确告知学员任务时间节点和内容节点，并强调在规定时间节点内完成的节点内容。

（2）授课中，控节点、管活动。培训师把控培训进度，把控任务时间节点，根据内容合理调节时间分配，在规定时间节点内完成相应的培训活动。在授课环节，培训师重点把控内容节点，总体把控时间节点；在训练环节，培训师重点把控时间节点，督促学员在规定时间节点内完成关键节点内容训练。

（三）培训时间管控

在规定时间内完成整个培训环节的培训。培训环节时间按导入、主体、练习、结语进行分配和管控；培训内容和培训活动时间按学习规律、重点难点等合理分配和管控。时间分配合理，节奏紧凑、快慢得宜、松紧有度。

（1）授课前，精设计、勤演练。培训师在培训设计时根据培训内容和培训活动合理分配时间。培训师按培训设计逐个环节进行课前授课演练，记录达到正常规范授课时的各环节时间，进行修正培训时间分配。对技能实训课程，培训设计时间参考分配原则为：以完成一任务单元培训为例，以培训师按正常作业速度规范完成任务的时长为参考时长，主体（讲解示范）环节为参考时长的2~3倍设计；练习环节综合考虑学员人数、工位数（练习小组）、小组人数等设计分配时间，以单个学员完成模拟训练、自主训练、能力生成训练的时间按参考时长的3~6倍设计，练习环节时间为小组内单个学员练习时间乘以小组学员人数；导入环节和结语环节各按参考时长的1~2倍设计。导入、主体、练习、结语时间分配参考比例为10%：30%：50%：10%。培训师按培训设计环节在课前进行授课演练，记录达到正常规范授课时的各环节时间，修正培训设计时间分配。

（2）授课中，控进度、调活动。按培训进度和节点，在规定时间内完成完整授课；各环节各重点内容时间分配合理；重点对练习环节时间加以管控。若时间不足，可以通过缩减培训活动来控制时间，在时间节点内，重点完成重点内容培训，保留重要培训活动，省略次要活动；若时间过多，可以通过增设培训活动，特别是学员练习活动来控制时间，增设的培训活动必须围绕课程目标及课程重点难点展开。

（3）授课后，善总结、再优化。授课结束后，重点总结分析时间总体分配与控制、重点难点内容时间分配与控制、各环节时间分配与控制中不到位的问题，再优化调整各环节时间分配、重点难点时间分配，确保下次培训同样项目时，时间分配控制到位。

五、秩序管控

秩序管控主要从培训纪律、培训活动、考核秩序等方面进行管控，详细内容描述如下。

（一）培训纪律管控

培训师严格管控培训纪律，要求学员严格遵守实训纪律和实训规则，做到令行禁止。

（1）授课前，立规矩、明交代。培训师应根据相关制度、规则制定相应的切实可行的培训纪律，随学员手册提前印发给学员，在训前须向学员明确交代培训纪律，着重强调实训组织纪律、实训操作规则和考勤纪律等，训前严格考勤记录。

（2）授课中，勤观察、严管控。培训师时刻注意观察学员活动，现场严格执行实训纪律，网格化管控学员，小组内相互督促学员严格遵守实训纪律和规则，培训师或组长发现与实训无关的行为要及时制止，加以约束，做到令行禁止。

（3）授课后，清人数、按序撤。培训师严格进行考勤记录，组织学员有序撤离实训现场，学员不得在实训场地逗留，严禁学员训练结束后再动用实训设备器材，现场学员清零。

（二）培训活动管控

培训活动设计合适，培训活动组织有序，能在规定时间节点内顺利完成培训活动，活动期间无无关行为和违规行为发生。

（1）授课前，勤预演、明交代。培训师须根据培训设计精心设计各个培训活动并进行活动预演，根据预演情况及时调整活动设计和安排；培训活动开始前明确交代活动内容、目标、要求、风险。

（2）授课中，控教师、管学员。按培训流程有序开展培训活动，培训师首先要规范和控制好教师活动，按流程按节点有序组织学员活动，严密观察管控学员活动，制止无关行为，严禁违规行为。每个培训活动结束后，培训师快速引导学员进入下一环节学习。

（三）考核秩序管控

考核实施组织有序、考场秩序井然，操作安全规范、评分公平公正。

（1）考核前，立规矩、明交代。明确交代考核纪律、考核规则、安全风险和考核次序，严格考勤记录。

（2）考核中，严执行、管考评。培训师全程监督管控，严格执行考核纪律、考核规则、安全规则，组织学员按序参考、安全操作，考评员公平公正评分，其余学员在指定位置现场观摩，认真记录，保持安静。

（3）考核后，控总结、按序撤。考核结束的学员在培训师的指引下撤离考场，到指定位置现场观摩；待小组学员全部考核结束后，培训师组织学员开展考核分享、点评总结活动；考核结束后，培训师组织学员有序撤离考场。

六、资源管控

资源管控主要从学员、师资、场地、资料等方面进行管控，详细内容描述如下。

（一）培训学员管控

按实训项目作业要求学员正确着装、穿戴防护用具，按实训作业要求规范学员行为。

（1）作业前，查着装、配角色。按实训项目作业要求学员正确着装、佩戴防护用具，培训师须现场逐个检查，确保检查到位；对学员进行分组，分配角色，明确每个角色定位和任务要求。

（2）作业中，保安全、促参训。培训师要按现场作业要求监督穿戴（着装和防护用具）、规范行为，确保培训活动安全；有效引导学员积极参训，确保培训活动人人有任务、人人都参与。

（3）作业后，清现场、严考勤。培训师组织学员按要求清理现场，考勤记录学员，组织学员有序撤离实训现场。

（二）培训师资管控

按培训流程规范培训，全程有效监督、有序组织课后清理整顿。

（1）授课前，管团队、查技能。师资团队培训状态准备到位。重点检查培训师操作技能和授课技能，特别注意团队授课标准和进度一致性、分工协作性，对师资团队的状态（精神和健康）和着装也不能忽略。

（2）授课中，管过程、授好课。培训全过程组织有序，全过程有效管控，规范讲解、示范、指导。

（3）授课后，管收尾、写总结。有序组织训后资源清理整顿，按要求撰写技能实训培训总结。

（三）培训场地管控

按项目要求规范准备场地及工位，全程有效管理实训场地设备设施、工具耗材、安全防护等。

（1）作业前，齐要件、保合格。按项目要求规范准备场地，包括场地及工位布置、设备设施准备、工具耗材准备、安全防护等，训前逐项检查到位，确保场地工位配备的设备设施、工具耗材、安全防护等合格且符合项目作业要求。

（2）作业中，用规范、控异常。规范使用场地工具耗材、设备设施、安全防护用品，加强现场设备设施监护，防止因突发状况而影响实训培训。

（3）作业后，清场地、管收尾。按要求清理整顿场地。完成工具耗材清点、回收、定置，设备设施维护保养，现场清扫、整顿、复原等。

（四）培训资料管控

按项目要求规范准备培训资料、规范填写过程资料、规范整理归档资料等。

（1）授课前，备齐料、保够用。按项目要求规范准备培训资料，课前逐项检查资料，确保资料符合实训项目要求、足够使用。

（2）授课中，勤记录、管使用。按培训进程规范填写记录过程表单资料，注意保护留存好所使用的资料。

（3）授课后，善整理、齐归档。按培训项目要求，规范整理培训资料，齐全移交并归档登记。

❀ 必备技能

必备技能 7-1：编制技能培训过程管控行动表及实施培训过程管控

场景描述

培训师在技能培训授课中必须进行培训全过程管控，以保证培训效果。培训师在技能培训前参考表 7-1 中管控要素、维度、要求及要点，根据具体技能项目的培训设计完成实训项目的培训过程管控行动表，并在培训中同步实施过程管控。

操作步骤及要领

第一步：熟悉培训设计。全面熟悉技能项目培训设计内容，理清技能培训全过程。

技能培训过程管控行动表

表 7-1

技能培训项目				培训时间：				
培训师资				培训场地配置（场地名称及工位情况）：				
							学员人数	
							学员分组	
				技能培训管控要求及管控要点		实训项目培训管控要点及落实整改		
序号	管控要素	总体要求	管控维度	管控时段	管控要点	项目管控要点	落实情况（已落实√或未落实X）	整改措施
1	流程管控 · 培训流程	按技能培训流程，规范实施技能培训，按课前检查、授课呈现（导入、主体、结语）、训后清理等流程规范授课		授课前	查要件、保合格 重点：重点核查培训资料、培训学员、培训师资			
2				授课中	按程序、抓重点 导入三步，重点：开场预告 主体三步，重点：分步讲解、分解示范 练习三步，重点：分步训练：模仿练习、自主练习、技能生成 结语三步，重点：概括中心、提炼升华、应用升华			
3				授课后	清要件、防遗漏 培训角度、重点清理培训归档资料、清点考勤学员			
4	作业流程	按标准化作业流程，规范培训师示范和学员操作步骤		作业前	查要件、保合格 作业角度、作业前重点核查作业场地、作业工具、作业安排、作业票据等			
5				作业中	按步骤、控风险 作业角度，严格按项目标准化作业流程分步训练，重点抓关键操作要领、防控作业风险			
6				作业后	清现场、防遗漏 作业角度、作业终结重点清理整顿硬件作业现场、清点归位工器具			
7	考核流程	按技能考核流程，规范开展技能培训后的学员技能考核		考核前	定内容、明标准 考核角度、重点：考核标准			
8				考核中	按程序、抓重点 考核交代到位，重点：考核规则和安全交底 考核组织到位，重点：考核评分和安全监督 考核点评到位，重点：点出痛点并正面矫正			
9				考核后	找问题、求改进 结果分析到位，重点：正视问题、寻求改进			

续表

技能培训项目								
培训师资				培训时间：				
				培训场地配置（场地名称及工位情况）：				
						学员人数		
						学员分组		
			技能培训管控要求及管控要点			实训项目培训过程管控要点及落实整改		
序号	管控要素	管控维度	总体要求	管控时段	管控要点	项目管控要点	落实情况（已落实√或未落实×）	整改措施
10	内容管控	讲解示范	突出要点，强调重点，突破疑点，化解难点。强调重点：关键操作步骤，关键操作要领，关键操作风险及防控	授课前	熟内容、强演练：内容准备到位，明确重点难点，针对性强化操作演练和授课演练，确保培训师授课规范娴熟			
11				授课中	强重点、化难点：讲解示范到位，多种方法和手段强调重点，多种方法和手段化解难点			
12				授课后	善总结、找中心：每步小结每步要点，小结提炼每步要点，重点突出：安全技能、核心技能			
13		训练任务	任务服务目标，匹配资源，真实完整，突出安全技能和核心技能	练习前	明任务、设活动：任务落实：对接目标，匹配资源，真实完整，突出重点			
14				练习中	抓关键、强训练：模仿训练：突出安全技能和核心技能的步骤动作模仿；自主训练：突出安全技能和核心技能的任务单元训练；技能生成：突出安全技能和核心技能的技能整合训练			
15				练习后	到精准、给指引：点评精准，总结要领，重点：安全技能，核心技能中"一票否决"			
16		考核标准	对接课程目标和训练任务，突出关键技能，量化客观精准，操控性强	考核前	定标准、验内容：标准对接任务，匹配资源，现场检验，符合实际，客观可控			
17				考核中	循标准、管标地：授课、练习、考核三地一致，考核环节执行标准，重点关注安全技能和核心技能			
18				考核后	善传承、精总结：全面总结，沉淀传承，重点：反思标准，完善标准			

续表

技能培训项目								
培训师资				培训时间：				
				培训场地配置（场地名称及工位情况）：				

技能培训管控要求及管控要素

学员人数

学员分组

序号	管控要素	管控维度	总体要求	管控时段	管控要点	项目管控要点	落实情况（已落实√或未落实X）	整改措施
19	方法管控	培训策略	根据培训目标和内容在讲解示范环节、操作练习环节、培训总结各环节选择恰当的策略并灵活运用	授课前	依环节、选策略 策略选择恰当，导入、主体、练习、结论各环节策略选用合适			
20				授课中	按规律、用策略 策略运用到位，按认知规律和培训规律进行策略呈现			
21				授课后	善总结、会反思 总结培训策略运用效果，反思改进策略			
22		培训方法	根据培训内容和策略选用多种培训方法组织培训，灵活安排培训活动	授课前	依策略、选方法 方法选择恰当，在策略引导下，结合培训内容特点、学员特征、时间要求、资源配置等选择培训方法，设计好培训活动			
23				授课中	巧组合、保效果 培训方法组合运用灵活，有效掌控培训活动，确保培训效果良好			
24				授课后	善总结、再设计 重点总结及训练方法在运用中的不足，反思改进培训方法，优化设计培训活动			
25		考核方式	根据培训目标和内容选择恰当的考核方式方法，并正确运用	考核前	明目的、选方式 明确是结果或过程性考核，选准考核方式方法，确保考核具有可操作性			
26				考核中	精组织、控活动 精心做好考核组织，考核方式方法操作到位，有效掌控考核活动，确保考核效果			
27				考核后	善总结、堵漏洞 重点总结考核方式，方法与标准不匹配的问题，堵塞漏洞			

技能类授课

续表

技能培训项目								
培训师资				培训时间：			学员人数	
				培训场地配置（场地名称及工位情况）：			学员分组	
				技能培训管控要求及管控要点		实训项目培训过程管控要点及落实整改		
序号	管控要素	管控维度	总体要求	管控时段	管控要点	项目管控要点	落实情况（已落实√或未落实X）	整改措施
28	节奏管控	培训进度	技能项目训练任务单元划分合理、实训项目各任务单元进度安排及各任务单元时间分配合理	授课前	划任务、告进度 划分训练任务单元合理、实训进度单元合理，告知总体进度安排			
29				授课中	控总体、调细节 按总体进度计划推进，在控制总进度和时间下，必要时可合理调整各单元间进度和时间调节单元内进度和时间分配			
30		培训节点	按培训进度安排，在规定时间节点完成关键任务、关键环节等关键操作关键节点内容	授课前	明任务、告节点 明确任务和任务节点，明确告知学员任务内容节点和时间节点			
31				授课中	控节点、管活动 把控时间节点，根据内容各节点合理调节节点时间分配，在规定时间节点内完成关键节点内容			
32		培训时间	在规定时间内完成培训环节的培训；培训环节时间按导入、主体、练习、结语进行分配和管控；培训活动时间按学习规律、重点难点等合理分配；时间紧凑、快慢得宜，节奏紧凑、松紧有度	授课前	精设计、勤演练 培训设计时合理分配时间；进行授课演练，修正时间节点			
33				授课中	控进度、调活动 按进度和节点，在规定时间内完成完整授课；调整必要的培训活动、保证环节各环节、各重点内容时间分布合理；重点对练习环节时间进行管控			
34				授课后	善总结、再优化			

续表

技能培训项目				培训时间：			
培训师资				培训场地配置（场地名称及工位情况）：		学员人数	
						学员分组	
				技能培训管控要求及管控要点		实训项目培训过程管控要点及落实整改	
序号	管控要素	管控维度	总体要求	管控时段	管控要点	项目管控要点	落实情况（已落实√或未落实 X）	整改措施
35	培训纪律	培训纪律	严格管控培训纪律，要求学员严格遵守实训纪律和实训规则，做到令行禁止	授课前	**立规矩、明交代** 明确交代实训纪律，强调实训规则，严格考勤记录			
36				授课中	**勤观察、严管控** 师资现场严格管控实训纪律，网格化管控学员，小组内相互督促学员，严格遵守实训纪律和实训规则，做到令行禁止			
37				授课后	**清人数、按序撤** 清查人数、考勤记录，组织学员有序撤离实训现场			
38	秩序管控	培训活动	培训活动设计合适，培训活动组织有序，能在规定时间节点内顺利完成培训活动，活动期间无关行为和违规行为发生	授课前	**勤预演、明交代** 培训师进行活动预设预演，活动前明确交代活动规则（内容、目标、要求、风险等）			
39				授课中	**控教师、管学员** 按流程按节点有序开展培训活动，规范和管控师资活动，严密观察管控学员活动，制止无关行为、严禁违规行为			
40		考核秩序	考核实施组织有序，考场秩序井然，操作实作安全规范，评分公平公正	考核前	**立规矩、明交代** 明确交代考核纪律、考核规则，严格考勤记录			
41				考核中	**严执行、管考评** 严格执行考核纪律、考核规则，安全规则，学员按序参考、考评公平、公正评分			
42				考核后	**控总结、按序撤** 考核结束后，培训师组织学员进行考核点评总结，组织学员有序撤离考场			

203

续表

技能培训项目				培训时间：			学员人数	
培训师资				培训场地配置（场地名称及工位情况）：			学员分组	

序号	管控要素	管控维度	总体要求	管控时段	技能培训管控要求及管控要点 管控要点	实训项目培训过程管控要点及落实整改		
						项目管控要点	落实情况（已落实√或未落实X）	整改措施
43	资源管控	培训学员	按实训项目作业要求正确着装、穿戴防护用具，按实训作业要求规范学员行为	作业前	管着装、配角色：按现场作业要求学员正确规范着装、佩戴防护用具；分配任务角色			
44				作业中	保安全、促参训：按现场作业要求监督学员穿戴、规范学员行为；按分配角色人人齐参与培训活动			
45				作业后	清现场、严考勤：组织学员清理现场，严格考勤后有序撤离			
46		培训师资	按培训流程规范培训、全程有效监督、有序组织课后清理整顿	授课前	管团队、查技能：师资团队培训状态准备到位：规范授课技能，授课标准统一、团队分工协作			
47				授课中	管过程、授好课：培训全过程组织有序、全过程有效管控、规范讲解、示范、指导			
48				授课后	管收尾、善总结：有序组织课后清理整顿，按要求撰写技能实训培训总结			
49		培训场地	按项目要求规范准备场地、场地及用场地设备设施、工训场地设备设施、安全防护等	作业前	齐要件、保合格：按项目要求规范准备场地，课前逐项检查到位			
50				作业中	用规范、控异常：规范使用用场地工具耗材、设备设施、安全防护，管控发状况到位			
51				作业后	清场地、管收尾：按要求分类清理、整顿及收尾			

续表

技能培训项目			培训时间：		学员人数	
培训师资			培训场地配置（场地名称及工位情况）：		学员分组	
技能培训管控要求及管控要点				实训项目培训过程管控要点及落实整改		
序号	管控要素	管控维度	总体要求	管控时段	管控要点	项目管控要点	落实情况（已落实√或未落实Ｘ）	整改措施
52	资源管控	培训资料	按项目要求规范准备培训资料，规范填写过程资料，规范整理归档资料等	授课前	**齐资料，保够用** 按项目要求规范准备资料，课前逐项检查到位，确保资料齐全够用			
53				授课中	**勤记录，管使用** 规范填写过程资料，保管好使用的资料			
54				授课后	**善整理，齐归档** 规范整理培训资料，齐全移交归档			

第二步：熟悉管控内容。熟悉培训过程管控要素、管控内容及管控要求等具体内容。

第三步：填写项目明细。填写具体项目过程管控明细，明确培训过程管控具体内容。

第四步：现场过程管控。在技能培训时同步进行过程管控，培训前仔细阅读过程管控重点，熟记于心，边培训边管控，各培训环节结束后确认是否落实并记录。

第五步：课后反思改进。对未落实的事项进行反思，寻找改进措施，提升过程管控能力。

案例分享

案例分享 7-1：《低压三相四线电能表装表接电技能培训》过程管控

案例场景

【二维码 7-1】

案例分享 7-1：《低压三相四线电能表装表接电技能培训》过程管控

廖某某培训师根据《低压三相四线电能表装表接电技能培训》技能授课教学设计、项目作业要求开展过程管控，编制了过程管控行动表，见【二维码 7-1】，并根据管控行动表开展了低压三相四线电能表装表接电技能培训授课。

要点回顾

本节重点介绍培训过程管控的要素、维度、要点及要求。过程管控重点从流程管控、内容管控、方法管控、节奏管控、秩序管控、资源管控六方面进行管控，其中流程管控包括培训流程、作业流程、考核流程管控，内容管控包括讲解内容、训练内容、考核内容管控，方法管控包括培训策略、培训方法、考核方法管控，节奏管控包括培训进度、培训节点、培训时间管控，秩序管控包括培训纪律、培训活动、考核秩序管控，资源管控包括培训学员、培训师资、培训场地、培训资料等管控。

第二节　实训安全管控（保安全）

◎ 关键要点

在实训实施过程中，会产生各种培训风险，引发安全事故。培训师应特别加强安全管控，实训安全管控关键要点如图 7-3 所示。

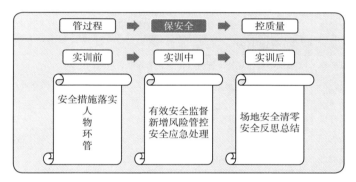

图 7-3　实训安全管控关键要点

📖 必要知识

一、实训前安全措施落实

实训前安全措施落实是指培训师在实训前在实训现场对安全预控措施落实情况进行逐一核查，对未落实或落实不到位的安全风险进行整改和预控措施落实。

培训师可对照第五章第一节中"培训风险辨识与预控（辨风险、控风险）"和第六章"安全检查"等内容进行实训前安全措施落实性检查，对未落实或落实不到位的安全风险进行整改和预控措施落实。重点在落实，确保安全措施具有针对性、实效性、安全性，从源头上牢牢守住培训安全生命线。具体从人、物、环、管四方面进行核查落实，见表 7-2。

表 7–2   实训前安全措施落实参考表

管控要素	管控维度	安全管控要点及要求
人	学员考勤	严格考勤记录、确保信息准确
	学员状态	参训学员精神良好、身体健康
	学员着装	着装穿戴必须符合现场作业安全要求
	师资技能	师资已完成操作演练、授课演练，确保安全规范操作
	师资考勤	严格师资考勤，确保师资与学员、工位匹配
	师资状态	实操师资精神良好、身体健康
	师资着装	着装穿戴必须符合现场作业安全要求
物	设备设施	设备状态正常、保护装置完好、安全措施落实
	工具仪表	所有工器具和仪器仪表齐全、规范、合格，确保符合作业要求
	安全设施	已按作业要求规范布置场地安全设施、安全标识、围蔽作业范围等
	备品耗材	备品和耗材齐全、规范，确保符合作业要求
	实训资料	确保必备作业技术资料、作业表单齐全、规范、正确
环	场地环境	实训场地环境整洁、布置合理规范，尽量模拟实际，实操场地及周边环境无安全隐患
	天气环境	气候环境适合作业要求，天气环境突变应急措施已落实
管	安全管理	有现场安全管理制度和事故应急预案，现场安健环标识清晰、指示明确等
	作业标准	实训作业指导书和作业表单等齐全、规范、正确
	规则交代	明确交代实训纪律、安全交底、预告培训风险

二、实训中有效安全监督

实训中有效安全监督是指培训师在技能实训实施过程中对人员、对设备、对环境等进行有效的安全监督。

（一）对实训师资的安全监督

培训师是实训现场安全第一责任人。技能实操培训一般每小组会配备两名培训师，在实训不同阶段中按照分工各尽其责。对培训师的安全监督重点从培训师操作安全和监护职责落实两方面进行。

1. 监督培训师操作规范性

在实训授课中，实训培训师中一人担任主讲培训师，其在操作讲解示范时必须做到操作安全规范，严格执行电力安全工作规程和作业指导书或操作规程的规定，绝不允许出现师资示范时出现不安全行为，除了可能造成师资伤害，更重要的是会错误引导学员造成更大更多伤害。

2.监督监护人监护到位性

在实训实施中，培训师担任监护人的角色，其安全监护职责必须履行到位，不得有丝毫放松，往往发生培训安全事件或事故都与安全监护不到位脱离不了关系。

在实训授课中必须有专人培训师担任安全监护人，监督其他培训师的操作，发现其他培训师的不安全行为应及时制止和纠正；同时也监督学员是否严格遵守现场实训纪律，做到令行禁止。还要对实训设备、实训场地及环境进行有效的安全监督。

在实训练习环节中，培训师为学员练习的安全监护人，在练习前必须对学员进行安全关键交代，交代练习纪律、练习风险并进行交底；在练习中做到安全有效控场，对学员进行有效安全监督，全程无休，仔细观察、科学指导、规范引导，确保实训练习不出现学员的不安全行为、物的不安全状态。

在实训技能考核环节中，培训师是考官，也是安全监护人。考核前必须交代考核规则和作业风险，考核中全程进行安全监护，确保技能考核不出现安全问题。

（二）对参训学员的安全监督

实训实施过程中，最大的安全隐患来自学员的不安全行为。对学员的安全监督重点从学员操作、学员纪律、学员状态等方面进行。

1.监督学员操作安全性

学员在模仿操作练习、自主操作练习、技能生成练习、技能操作考核等环节操作中，未严格按实训作业指导书的操作步骤、操作要领操作，出现不安全行为，可能伤害到学员或他人，发生培训安全事故。在此操作过程中培训师监护职责必须落实到位，严禁学员误操作、违章操作。

2.监督学员实训纪律性

在实训过程中会出现学员实训纪律松懈、散漫的情况，个别学员在现场可能着装不规范、不戴安全帽、不听从安排，私自做一些与实训无关的事，甚至是做一些危险的动作，如在实操场追逐、学员走错间隔、误动误碰带电设备、转动机械等。在实训过程中培训师严格执行实训纪律，令行禁止，加强安全纪律教育、监督、考核，同时充分发挥学员小组内的相互监督、相互检查、相互提醒的团队协作作用，确保实训安全纪律执行到位。

3.监督学员状态合适性

在实训过程中，会发生学员突然身体不适、精神状态不佳等现象，比如在天气炎热或冰冻环境下作业，学员会头晕中暑或手脚冻僵，在高空作业时体力不支、恐高乏力等。监护人员应全程仔细观察、认真监护，发现有学员状态不佳，不适合训练和参加考核的，应立即停止训练和考核，针对性采取措施稳定学员情绪、调适状态、调整安排。

（三）对实训场地物的状态监督

在实训过程中，实训场地物的不安全状态出现，往往也是安全事故发生的主要因素之一。对实训场地物的状态监督，重点监督实训设备设施工作状态改变、安全工器具安全性能改变、安全防护设施状态的改变。由于物的状态改变，会产生安全风险，必须加强监督，采取有效措施防范。

1.监督设备设施工作状态改变

根据实训项目作业要求，在实训前已检查确认其状态符合实训作业要求，但在实训过程中其他意外因素造成其设备状态改变，会触发风险产生，应立即停止设备操作。比如，实训设备实训时从正常状态"静止"变为非正常状态"运转"、从正常状态"不带电"变为非正常状态"带电"状态等，设备监护人只有加强巡视检查监督，才能第一时间发现问题，及时处理，否则会发生安全事故。特别是对设备本身的安全保护设施更要加强巡查监督，防止安全保护设施状态发生改变，因造成设备工作状态改变而引起安全风险。

2.监督安全工器具安全性能改变

在实训过程中，用于安全保命的工器具在使用过程中发生状态改变或损坏等，不能确保其绝对安全，立即禁止使用，停止实训作业。若实训还需继续进行，应更换经检查合格、符合作业要求的安全工器具。比如，工器具在使用过程中发现外观产生改变，如磨损、裂纹、断股等，立即停止作业，禁止再使用此工器具。

3.监督安全防护设施位置改变

实训前已对实操场地进行安全围蔽，在实训中对设置好的安全标识牌、安全围栏和挂牌等有无移动和有无拆除进行监督，防止有人擅自移动或拆除，造成学员或师资因走错工位或误入带电间隔而产生安全风险。

（四）对实训环境的监督

实训作业环境的改变也会引发安全风险，实训中加强对作业环境的监督。作业周边场地环境改变是否影响实训作业安全要进行安全风险评估，并及时调整；实训时天气变化、气温变化、湿度变化等也会影响作业进程和作业安全，也要进行安全风险评估，并及时调整。

三、实训中新增风险管控

在实训过程中绝大多数风险都可以通过实训前风险评估和预控、实训中有效安全监督而得到控制和消除，但实训过程中也会偶尔出现一些事先无法预测的风险，这属于培训新增风险。对于新增风险，培训师必须现场灵活应对，消除新增风险。

（一）实训中现场人的因素

实训培训活动中因观点不一致有可能出现学员与师资不配合、学员与学员间不配合，学员对实训管理、实训活动安排有抱怨、起哄等情况发生。对这类风险的管控主要依靠师资的正确引导，冷静化解分歧，鼓励表达自己观点，友好互动分享成果。特别不允许培训师与学员争吵，甚至肢体冲突等情况发生。

（二）实训现场中物的因素

实训中设备设施突然故障或损坏，还可能造成人的伤害或造成实训中断的情况发生。培训师在实训过程中要善于观察，善于发现设备故障征兆，及时预判处理。严禁因违章指挥、违章操作而导致设备故障或损坏。

若实训设备设施突然故障或损坏导致无法再进行现场实训，师资应采用现场研讨、案例分析、经验总结的方式组织现场培训或采用其他同类项目替代或改为课室知识类授课等，不得提前结束培训。

（三）实训现场中环的因素

实训环境有不可确定的因素，如天气突然发生变化，下大雨场地滑湿、雷雨冰雹、气温炎热学员中暑等，造成现场实训无法进行，培训师应及时终止户外实训，安全撤离学员，按原应急方案改为室内其他学习方式进行。对突发天气状况，培训师在实训前对学员进行安全交底时应进行风险预告，防止突然的天气变化让实操中的学员惊慌失措，导致不必要的伤害。

四、实训中安全应急处理

（一）人员医疗急救应急处理

在实训中，培训师应做好应对一切突发情况人员医疗救助的预案，备好充足的实训现场医疗应急物品，包括绷带、碘酒、创可贴、外用消炎药、纱布、棉签、清凉油、矿泉水等。实训现场医疗应急处置物品由实训现场工作人员负责保管，进行实训作业时，应放置在实训现场。培训师根据伤害类型采取相应的现场应急处置措施，应及时送到就近医院就医。

（二）设备特殊状况应急处理

在实训操作中，如遇到杆塔倾斜、拉线断裂、试验设备漏电等情况发生时，应立即终止操作，培训师集中所有学员统一到安全地方，禁止任何人靠近实操场地，待故障排除后培训师检查设备确认达到安全标准后，才能进行实操训练。

（三）培训安全事故应急处理

培训师在技能培训中，严格按《中华人民共和国安全生产法》和《生产安全事故报告和调查处理条例》（国务院令 第 493 号）、《电力安全事故应急处置和调查处理条例》（国务院令 第 599 号）等安全生产法律法规，落实"安全第一、预防为主、综合治理"的安全生产方针，在培训中若发生电力事故事件（分为电力人身事故事件、电力设备事故事件、电力安全事故事件），培训师严格按事故事件应急预案开展事故事件应急处理，积极配合安全事故事件调查工作。

1. 事故事件即时报告

事故事件发生后，培训师及事故现场有关人员在掌握事故事件基本情况并作出初步判定后，应在第一时间、用最快捷的方式立即向培训基地现场负责人报告。即时报告内容主要包括事故事件发生的时间、地点、单位、简要经过、人员伤亡情况或设备故障情况。即时报告形式可采用电话、短信、邮件、传真等。任何单位和个人对事故事件不得迟报、瞒报、谎报和漏报。必要时可以越级报告。任何单位和个人不得阻挠和干涉对事故事件的报告、应急处置和依法调查处理。

2.事故事件应急处置

事故事件发生后，培训师配合培训基地立即启动相应的应急预案和现场处置方案，采取有效的应急处置措施，控制事故事件范围，迅速抢救伤员，科学、合理调配应急物资和队伍等应急资源，积极防止事故事件蔓延扩大。

3.配合事故事件调查

配合开展保护事故事件现场、收集原始资料、查明事故事件的情况等事故调查工作。

（1）事故事件发生后，事故事件相关单位应派专人严格保护现场，未经调查和记录的现场，不得任意变动。

（2）事故事件有关单位的管理人员应及时对事故事件现场和损坏的设备进行照相、录像、绘制草图（含现场示意图、受害者位置图）、收集和妥善保存相关资料，并及时移交事故事件调查组。

（3）由于紧急恢复电网运行和电力供应、防止事故事件扩大等原因，确实需要变动现场、移动电力设备的，必须经事故事件单位有关领导或安监部门同意，并做出标志、绘制现场简图、做好书面记录，妥善保存重要痕迹、物证，并进行拍照和录像。

（4）任何单位和个人不得故意破坏事故事件现场，不得伪造、隐匿或者毁灭相关证据。

（5）事故事件发生后，事故事件有关单位安监部门或其指定的部门应立即组织现场值班人员、作业人员和其他相关人员，在离开现场前，整理并提供事故事件现场相关文字材料。

（6）配合查明调查事故事件应查明的情况。

五、实训后安全管控

技能培训结束后，培训师要对整个实训现场进行安全清零，并对整个实训过程安全管控进行反思和总结。

（一）实训场地安全清零

1.场地的安全隐患消除

在实训过程中有可能损坏场地设备、设施、仪表、工具等，这些损坏的设备、设施、仪表、工具都存在不安全因素，要查漏补缺，列出需要维修或更换的设备、设施、仪表、工具清单，并交由基地工作人员补齐，同时对完好的设备设施的保护措施恢复到实训前状态，确保设备设施安全保护正常；因实训而临时布置安全标识、安全设施在实训结束后须拆除，整理清扫场地。通过对实训场地的整理整顿，将场地恢复到实训前状态，确保实训场地无安全隐患。

2.人员清点安全撤离

每次实训结束时，一要清点记录应在位人员，包括师资、学员、工作协助人员等在位人员，特别是在实训过程中常有个别学员提早离场而培训师不知道，如果这时候学员发生问题，培训师应担主责；二是组织人员有序安全离场，只出不进。实训结束时学员放松安全要求容易触发安全风险，应特别注意离场后又返回现场或在现场逗留的学员。待学员及其他人员全部撤离后，场地工作人员再次检查确认后撤离。

（二）实训后安全反思总结

培训结束后，培训师及场地工作人员应将培训过程中出现的风险一一列出，注明当时的解决方案，反思并检查当时的处置是否适当，是否在实训前的风险评估中，风险预控措施是否正确有效，在实训中安全监督是否有没到位的情况，特别是实训中新增风险和突发应急处理应重点反思当时的处置是否适当，还有没有更好的办法防控，在后续培训中如何加强防控等。若情况允许，培训师组织学员，和学员一起开展安全大讨论、大总结，让学员掌握技能的同时，更懂安全、更会安全。

培训结束后，所有培训师要集中研讨，反思总结整个培训过程有哪些不足，并提出解决方法，有哪些亮点，并沉淀提炼。全面总结本次实训各环节安全管控经验和心得，总结出更好的实训安全管控措施，以便在后续培训中举一反三、迁移应用。

⚙ 必备技能

必备技能 7-2：编制技能实训安全管控行动表及实施培训安全管控

场景描述

培训师在技能实训各环节必须进行安全管控。培训师参考表 7-3 中安全管控要素、维度、要点及要求，根据具体实训项目编制"技能实训安全管控行动表"，并在技能培训过程中同步完成全过程安全管控，确保培训安全。

操作步骤及要领

第一步：理清过程。理清技能培训全过程和实训项目作业全过程。

第二步：熟悉内容。熟悉安全管控环节、管控要素、管控要求等具体内容。

第三步：填写明细。填写具体项目安全管控明细，明确现场核查内容。

第四步：现场管控。在实训现场进行安全管控，确认是否落实并记录。

第五步：反思改进。对未落实的要素进行反思并改进，查找原因，提出改进措施，将其作为培训安全总结的部分内容。

表 7-3   技能实训安全管控行动表

技能培训项目						培训时间： 年 月 日至 日	
技能培训师资			培训场地配置 （场地名称及工位情况）：			学员人数及 分组	
序号	安全管控内容及要求				项目安全管控重点及落实整改		
	管控环节	管控要素	管控维度	管控要点及要求	管控重点	落实情况 （到位√、 不到位 X）	整改措施
1	实训前	安全措施落实	学员考勤	严格考勤记录、确保信息准确			
2			学员状态	参训学员精神良好、身体健康			
3			学员着装	着装穿戴必须符合现场作业安全要求			
4			师资技能	培训师已完成操作演练、授课演练，确保规范演示操作			

续表

技能培训项目					培训时间： 年 月 日至 日		
技能培训师资			培训场地配置 （场地名称及工位情况）：		学员人数及 分组		
序号	安全管控内容及要求				项目安全管控重点及落实整改		
	管控环节	管控 要素	管控维度	管控要点及要求	管控重点	落实情况 （到位√、 不到位Ⅹ）	整改措施
5	实训前	安全措施 落实	师资考勤	严格师资考勤，确保师资与学员、工位匹配			
6			培训师 状态	实操师资精神良好、身体健康			
7			师资着装	着装穿戴必须符合现场作业安全要求			
8			设备设施	设备状态正常、保护装置完好、安全措施落实			
9			工具仪表	所有工器具和仪器仪表齐全、规范、合格，确保符合作业要求			
10			安全设施	已按作业要求规范布置场地安全设施、安全标识、围蔽作业范围等			
11			备品耗材	备品和耗材齐全、规范，确保符合作业要求			
12			实训资料	确保必备作业技术资料、作业表单齐全、规范、正确			
13			场地环境	实训场地环境整洁、布置合理规范，尽量模拟实际，实操场地及周边环境无安全隐患			
14			天气环境	气候环境适合作业要求，天气环境突变应急措施已落实			
15			安全管理	有现场安全管理制度和事故应急预案，现场安健环标识清晰、指示明确等			
16			作业标准	实训作业指导书和作业表单等齐全、规范、正确			
17			规则交代	明确交代实训纪律、安全交底、预告培训风险			
18	实训中	有效安全 监督	师资操作	监督师资操作示范，操作安全规范，无不安全行为			

续表

技能培训项目						培训时间： 年　月　日至　日	
技能培训师资			培训场地配置 （场地名称及工位情况）：			学员人数及 分组	
序号	安全管控内容及要求				项目安全管控重点及落实整改		
	管控环节	管控 要素	管控维度	管控要点及要求	管控重点	落实情况 （到位√、 不到位 X）	整改措施
19	实训中	人	师资监护	监督师资监护职责，职责分工明确、监护落实到位			
20			学员操作	监督学员操作，不违章，严格按要领操作，无不安全行为			
21			学员纪律	监督学员纪律，严守实训安全纪律、令行禁止，无不安全行为			
22			学员状态	监督学员状态，操作时须精神饱满，身体无异常			
23		物	设备工作状态	监督作业设备工作状态，发生状态改变，立即停止设备工作			
24			工具安全状态	监督工器具安全性能状态，发生安全性能改变，禁止使用此类工器具			
25			防护设施状态	监督安全防护设施位置状态，不得擅自改变安全防护设施的位置			
26		环	周边环境改变	监督场地周边环境，周边环境改变影响作业安全，应停止训练			
27			环境参数改变	监督作业环境参数，环境参数改变影响作业安全，应停止训练			
28	新增风险管控	人	群体意见	安抚情绪、正确引导、有效沟通			
29		物	设备故障	善于发现、提前预判、应急替代			
30		环	环境突变	安全撤离、启动预案、应急替代			
31	安全应急处理	人	医疗应急处理	备有充足医疗应急物品，现场应急救治			
32		物	设备应急处理	立即终止操作、撤离人员、排除故障			

续表

序号	安全管控内容及要求				项目安全管控重点及落实整改		
	管控环节	管控要素	管控维度	管控要点及要求	管控重点	落实情况（到位√、不到位 X）	整改措施
33			管	事故应急处理	按事故应急预案紧急救人、保护现场、事故上报		
34	实训后	安全风险清零	人	人员清点撤离	清点应在场人员，有序安全撤离		
35			物	器材清点移交	分类清点整理所有工具仪器，检查、登记、移交		
36				场地恢复原态	实训场地所有物件恢复到实训前安全状态		
37		安全反思总结	管	过程安全管控	反思不足，总结亮点，迁移应用		

（表顶）

技能培训项目					培训时间： 年 月 日至 日		
技能培训师资		培训场地配置 （场地名称及工位情况）：			学员人数及分组		

案例分享

案例分享 7-2：《低压三相四线电能表装表接电技能培训》实训安全管控

案例场景

廖某某培训师根据《低压三相四线电能表装表接电技能培训》教学设计、技能项目作业要求在开展培训过程管控的基础上，编制了培训安全管控行动表，见【二维码7-2】，并根据管控行动表开展了低压三相四线电能表装表接电技能培训安全管控。

【二维码 7-2】

案例分享 7-2：
《低压三相四线电能表装表接电技能培训》实训安全管控

要点回顾

本节重点按实训前、实训中、实训后的流程介绍了安全管控要素、维度、要点及要求。其中实训前重点落实安全预控措施，实训中从有效安全监督、新增风险防控、安全应急处理等方面进行安全管控，实训后重点进行安全清零和安全反思总结。

第三节 实训质量管控（控质量）

关键要点

在技能培训实施中，在强化过程管控和安全管控基础上，培训师应加强授课质量管控、练习质量管控和技能考核质量管控。

必要知识

实训过程管控和安全管控的目的也是为提升培训质量，从培训师角度分析，实训质量管控内容参见表 7-4。

表 7-4　　　　　　　　　　实训质量管控内容

序号	质量管控要素	质量管控维度	质量管控要点及要求
1	授课质量	教学设计	教学设计到位，教学设计内容符合教学设计原则。 重点：确保授课内容大纲对接课程目标、对接培训学员、对接培训资源
2		授课技能	培训师团队授课技能过硬。 重点：加强授课演练，确保授课技能娴熟
3		专业技能	培训师团队安全技能、专业技能过硬，能安全标准示范、指导。 重点：加强操作演练，确保操作技能娴熟
4		教学管控	培训师团队教学全过程管控到位（详见本章第一节和第二节）。 重点：强化教学流程管控、教学内容管控、教学方法管控
5	练习质量	任务设计	训练任务设计到位，任务内容对接课程目标、对接课程重点。 重点：确保练习规则和活动设计合理，可操作、可落地
6		教练技能	培训师团队指导能力过硬，能针对课程内容和学员特点进行针对性、有效性的教练指导
7		专业技能	培训师团队安全技能、专业技能过硬，能安全标准示范、指导。 重点：加强操作演练，确保操作技能娴熟
8		练习管控	培训师团队练习全过程管控到位（详见本章第一节和第二节）。 重点：强化练习流程管控、练习内容管控、练习方法管控、练习秩序管控
9	考核质量	标准设计	考核标准设计到位，考核内容对接课程目标、对接课程重点。 重点：选准考核方式、考核评分细则合理，可操作、可落地

续表

序号	质量管控要素	质量管控维度	质量管控要点及要求
10	考核质量	考核技能	培训师团队考核技术娴熟。 重点：加强现场评分演练，明确考点、娴熟标准
11		专业技能	培训师团队安全技能、专业技能过硬，能安全标准示范、指导。 重点：加强操作演练，确保操作技能娴熟
12		考核管控	培训师团队考核全过程管控到位。 重点：强化考核流程管控、考核内容管控、考核秩序管控

⚙ 必备技能

必备技能 7-3：实施技能实训质量管控

场景描述

在培训实施过程中，在进行实训过程管控和安全管控的基础上，培训师加强实训质量管控，具体按表 7-5 进行技能实训质量管控和检查。

表 7-5　　　　　　　　　　技能实训质量管控检查表

序号	质量管控要素	质量管控维度	项目质量管控要点及要求	项目质量管控落实与整改		
	技能培训项目			培训时间		
	技能培训师资			培训学员		
				重点管控	落实情况	整改措施
1	授课质量	教学设计				
2		授课技能				
3		专业技能				
4		教学管控				
5	练习质量	任务设计				
6		教练技能				
7		专业技能				
8		练习管控				
9	考核质量	标准设计				
10		考核技能				
11		专业技能				
12		考核管控				

👆 要点回顾

本节重点介绍了质量管控要素、维度、要点及要求，其中培训师的授课质量管控应从教学设计、授课技能、专业技能和教学管控等方面进行管控，练习质量管控应从练习任务设计、教练技能、专业技能和练习管控等方面进行管控，考核质量管控应从考核标准设计、考核技能、专业技能和考核管控等方面进行管控。

✅ 实践案例

实践案例 7-1：《变压器铁芯及夹件泄漏电流测量技能培训》教学管控

案例场景

韩某某培训师在开展《变压器铁芯及夹件泄漏电流测量技能培训》教学实施中，按照技能培训教学管控要求进行了实训过程管控和安全管控，填写实训过程管控和安全管控行动成果表单，见【二维码 7-3】。

【二维码 7-3】

实践案例 7-1：
《变压器铁芯及夹件泄漏电流测量技能培训》教学管控

实践案例 7-2：《钳表法测量架空线路杆塔接地电阻技能培训》教学管控

案例场景

李某某培训师在开展《钳表法测量架空线路杆塔接地电阻技能培训》教学实施中，按照技能培训教学管控要求进行了实训过程管控和安全管控，填写实训过程管控和安全管控行动成果表单，见【二维码 7-4】。

【二维码 7-4】

实践案例 7-2：
《钳表法测量架空线路杆塔接地电阻技能培训》教学管控

实践案例 7-3：《10kV 架空线路柱上开关的停电操作（运行转冷备用）技能培训》教学管控

案例场景

郑某某培训师在开展《10kV 架空线路柱上开关的停电操作（运行转冷备用）技能培训》教学实施中，按照技能培训教学管控要求进行了实训过程管控和安全管控，填写实训过程管控和安全管控行动成果表单，见【二维码 7-5】。

【二维码 7-5】

实践案例 7-3：《10kV 架空线路柱上开关的停电操作（运行转冷备用）技能培训》教学管控

▶ 本章小结

本章重点介绍了技能培训过程管控、安全管控、质量管控的内容及要求。

培训过程管控要素包括流程管控、内容管控、方法管控、节奏管控、秩序管控、资源管控等。其中流程管控从培训流程、作业流程、考核流程三个维度把控；内容管控从讲解示范、训练任务、考核标准三个维度把控；方法管控从培训策略、培训方法、考核方法三个维度把控；节奏管控从培训进度、教学节点、培训时间三个维度把控；秩序管控从培训纪律、培训活动、考核秩序三个维度把控；资源管控从培训学员、培训师资、培训场地三个维度把控。

安全管控要素包括人、物、环、管四要素，分别从实训前、实训中、实训后三个阶段进行安全管控，具体从实训前安全措施落实、实训中有效安全监督、新增风险管控、安全应急处理和实训后安全清零及安全反思总结等方面进行安全管控。

质量管控是在过程管控和安全管控基础上，重点从培训师的角度出发把好培训质量关，具体从教学设计、授课技能、专业技能、教学管控四方面进行教学质量把控，从任务设计、教练技能、专业技能、练习管控四方面进行练习质量把控，从考核标准设计、考核技能、专业技能、考核管控四方面进行考核质量管控。

▶ **培训目标**

任务目标：

（1）能根据培训目标，选用有效的反馈与调整方法开展课前、课中教学调整。

（2）能根据培训目标，选用有效的反思方法开展课后教学反思和提出教学改进措施。

知识目标：

（1）熟知常用的有效反馈方法的含义及操作要点。

（2）熟知常用的有效调整方法的含义及操作要点。

（3）熟知常用的有效反思方法的含义及操作要点。

（4）描述课前、课中反馈与调整的内容及操作步骤。

（5）描述课后反思与改进的内容及操作步骤。

▶ **内容导图**

技能教学调整改进是指在技能培训中进行教学反馈与调整，在培训结束后进行教学反思与改进。培训师在授课前、授课中要根据培训目标，结合培训管控适时开展培训反馈与调整；在授课后，对培训教学和技能考核要进行反思与改进。技能教学调整改进内容导图如图 8-1 所示。

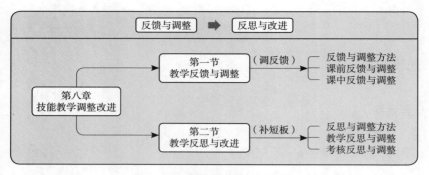

图 8-1　技能教学调整改进内容导图

第一节　**教学反馈与调整**（调反馈）

🎯 关键要点

教学反馈与调整包括课前、课中授课反馈与调整，反馈与调整的主要内容包括培训内容、培训方法、培训安排、培训进度等。其反馈与调整的方法运用是本节重点和难点。教学反馈与调整关键要点如图 8-2 所示。

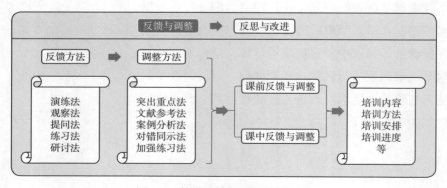

图 8-2　教学反馈与调整关键要点

必要知识

一、教学反馈与调整概述

（一）有效反馈方法与原则

1.有效反馈方法

反馈是指由控制系统把信息输送出去，又把其作用结果返送回来，并对信息的再输出发生影响，起到控制的作用，以达到预定的目的。技能培训现场可以看成培训师和学员之间的信息传递与反馈的控制过程。

技能授课有效反馈方法有演练法、观察法、提问法、练习法、研讨法，见表 8-1。

表 8-1　　　　　　　　　　　技能授课有效反馈方法

反馈方法	含义及要点	反馈对象（内容）
演练法	培训师自行在实训场地对培训项目进行现场操作。通过操作演练，让培训师检验实训场地、设备、工器能否满足培训要求和实训时学员的安全保障，核查实训项目的操作流程、操作方法、操作要领是否全面规范，分析教学安排是否恰当	教学内容、教学方法、教学进程
观察法	培训师通过观察教学条件和学员在培训中的反应获取教学信息的直接反馈。通过观察教学条件，验证实训场地、设备、工器具能否满足培训要求和实训时学员的安全保障；通过观察学员反应，获取学员听讲精神状态是否集中、操作练习是否规范等信息，进而分析在教学内容、教学方法上存在哪些须改进的地方，判断当前教学进程是否需要针对性调整	教学内容、教学方法、教学进程
提问法	培训师针对培训内容向学员提出问题，引起学员思考、讨论、解答，培训师注意聆听，评估学员是否全面和熟练地掌握所学内容，分析培训过程中所用教学方法的适用性，了解当前教学进程的合理性	教学内容、教学方法、教学进程
练习法	培训师根据培训内容向学员设置练习，在学员练习过程中注意观察，做好引导，加强指导，及时纠正学员错误操作。通过练查结合，对培训效果和学员掌握程度进行分析，评估培训过程中所用教学方法的适用性，了解当前教学进程的合理性	教学内容、教学方法、教学进程
研讨法	培训师在授课前与其他相关培训师就培训项目教学内容、教学方法及培训安排中需要调整的内容进行研讨，通过分享交流，启发思路、学习经验，获取有效反馈信息	教学内容、教学方法、教学进程

2.有效运用反馈的原则

有效运用反馈应坚持以下原则：

（1）全面性与准确性原则。努力提高反馈信息的准确度和代表度，就是要求培训师要面向全体学员，只有全员参与、全员互动，其信息才具有准确性和代表性。

（2）激励性与鼓励性原则。在对学员进行反馈和评价时，培训师要不吝对学员正确的地方给出鼓励和赞扬。通过激发学员继续参与的动力，将培训师的期待和暗示传递给学员，增强学员的自信心。

（3）主导性与主体性原则。让学员主动参与、体验、探索、归纳、总结，不断产生问题，形成信息，培训师再给予评析与点拨，定能完成教学目标和达到教学效果，尊重学员的主体地位，积极发挥培训师的主导作用。

（4）及时性与针对性原则。在培训过程中获取教学各方面的信息时，培训师应及时对信息进行分析和评估，作出准确、针对性判断，挖掘发现信息反馈存在的本质性问题，为下一步及时调整做出准备。

（二）有效调整方法与原则

1.有效调整方法

调整是指培训师在教学中随时针对学员在掌握知识与技能中反馈出的情况进行分析，及时采取措施，对后面的教学进行及时改变，以保证达到最佳的教学效果。教学调整与教学管控密不可分，一般按教学设计要求进行管控，在管控过程中根据反馈信息再做必要合适的调整、边管控边调整、再管控再调整，循环推进教学过程。

有效调整方法常见的有突出重点法、文献参考法、案例分析法、对错同示法、加强练习法，具体见表8-2。

表 8-2 有效的调整方法

调整方法	含义及特点	调整对象（内容）
突出重点法	当发现与教学目标关联度较低的教学内容或冗余的教学方法、出现教学时间不足的情况时，采用紧扣目标，关注重点、难点的方式，简化或剥离非重点内容，聚焦核心内容，安排针对性教学活动，相应调整教学安排或教学进程	教学内容、教学方法、教学安排、教学进程
文献参考法	在培训授课前通过查阅规范、规程、理论书籍等文献，达成对实操项目中的操作步骤、关键操作点及要领、操作风险点等教学内容的规范化、标准化理解	教学内容
案例分析法	在实操培训中，培训师结合安全生产、典型作业和现场案例实操技能对相关培训内容进行讲解，提高学员参与培训的主动性和培训的有效性，搭建知识、技能共享的平台	教学内容、教学方法、教学进程
对错同示法	对错同示法包括示对法和示错法。示对法是指培训师按正确规范的操作流程、步骤、操作方法进行演示。 示错法是指培训师按错误的操作流程、步骤、操作方法进行演示，并说明错误的危害性。通过同时示对和示错，让学员明白正确操作的重要性	教学方法、教学进程

调整方法	含义及特点	调整对象（内容）
加强练习法	培训师针对未出现在教学安排中、需通过练习来巩固的旧知，安排针对性练习加以强化；对原在教学安排中但练习未达效果的新知，安排反复练习加以巩固	教学方法、教学进程

2.有效运用调整的原则

有效运用调整应坚持针对性原则和适时性原则。

（1）针对性原则。所谓教学调整的针对性，就是指教学调整总体上要围绕所要实现的教学目标和特定的教学内容与任务以及教与学方面的具体特点。

（2）适时性原则。所谓适时性就是要根据不同反馈的具体情况在适当的时候提供恰当的调整。

二、技能类授课前的反馈与调整

（一）教学内容反馈与调整

在授课前，围绕教学目标，采用有效方法对拟定的教学内容的完备性、规范性、重点难点等进行反馈，采用有效方法对教学内容和教学时间、教学流程进行调整。授课前教学内容一般采用演练法、观察法、研讨法进行有效反馈，采用重点突出法、参考资料法进行有效调整。技能类授课前教学内容反馈见表8-3、技能类授课前教学内容调整见表8-4。

表8-3　　　　　　　　技能类授课前教学内容反馈表

反馈方法	反馈要求	反馈步骤	反馈对象（内容）
演练法	培训师自主演练培训内容的完整操作，回顾操作步骤、关键操作点及要领、操作风险点，获取有效反馈信息	（1）思考操作步骤，梳理关键要点：培训师在实操演练前做到操作步骤心中有数，尽力梳理出完备的步骤操作关键点。 （2）开展技能实操，关注安全风险：培训师按照实操步骤有序操作，在操作时应同时关注、识别操作风险点。 （3）核验重点难点，发现记录问题：通过实际操作，对原确定的重点难点进行核验，记录教学内容中发现的问题	教学内容完备性、规范性
观察法	培训师结合培训内容和要求，对教学条件（场地、设备、工器具等）进行观察，获取有效反馈信息	（1）观察培训场地：观察培训场地是否适合培训师进行讲解、演示，是否方便学员观看及分组练习，是否存在风险隐患。 （2）观察培训设备：培训师观察设备型号参数是否符合教学目标、设备数量是否满足学员分组练习、是否满足安全需要。 （3）观察培训工器具：观察培训工器具是否符合操作需要、是否试验合格、是否在试验有效期内、是否数量足够。 （4）记录反馈信息：对观察培训场地、培训设备及培训工器具过程中发现的问题进行详细的记录	教学内容完备性、规范性

技能类授课

反馈方法	反馈要求	反馈步骤	反馈对象（内容）
研讨法	培训师依据教学设计，与其他同行就教学内容中关键点进行研讨，获取有效反馈信息。	（1）教学内容介绍：培训师向其他同行详细介绍教学内容中各操作步骤、操作点及要领，详尽说明各风险点。 （2）教学内容研讨：培训师与同行培训师就教学内容进行全面、深入的研讨，挖掘有待商榷或错误的内容，获取反馈信息。 （3）记录反馈信息：培训师对教学内容有错误或有争议的反馈信息进行记录	教学内容完备性、规范性、重点难点突出情况

表 8-4　　　　　　　　　　　技能类授课前教学内容调整表

调整方法	调整要求	调整步骤	调整对象（内容）
突出重点法	培训师针对反馈发现的不够突出的重点和难点内容进一步细化，简略其他教学内容，达到突出重点、难点的调整目的	（1）细化重点难点：针对不够突出的重点、难点教学内容，进一步细化相关操作步骤中的操作要领，细致识别相应风险点，达到强化重点难点教学内容的目的。 （2）简化其他内容：由于完整教学过程在时间上的限制，须在已细化的重点难点教学内容基础上对可简化的其他操作步骤进行处理，在保留核心关键操作点和相应风险点的条件下，适当略去非关键操作点。 （3）全盘重新梳理：在完成突出重、难点教学内容的基础上，重新对修改后的教学内容进行全面梳理，确保不因修改相关内容而出现不完整性和不规范性等新问题	教学内容重难点不突出
资料参考法	培训师针对反馈发现的教学内容规范性或完备性问题，通过查阅资料文献确定正确教学内容，达到确保教学内容全面、规范的目的	（1）权威文献查阅：针对问题内容，查阅相关规程规范或理论书籍、论文，获取权威资料参考。 （2）修正问题内容：依据参考资料，修正不规范教学内容、补足缺失内容或删减多余内容	教学内容规范性和完备性不足

（二）教学方法反馈与调整

在授课前围绕教学目标，采用有效方式对拟定的教学方法进行针对性、充分性检验，以获取必要的反馈信息并进行评估，并采用有效的方法对可优化的教学方法进行调整。授课前教学方法一般采用演练法、研讨法进行反馈，采用案例分析法、对错同示法、加强练习法进行调整。技能类授课前教学方法反馈见表 8-5，技能类授课前教学方法调整见表 8-6。

表 8–5   技能类授课前教学方法反馈表

反馈方法	反馈要求	反馈步骤	反馈对象（内容）
演练法	培训师对实训全过程进行演练，并邀请教练等其他相关人员模仿学员进行观摩并参与互动，从自身运用培训方法的熟练性及其他人员观摩感受和互动情况等方面对培训方法的针对性和充分性进行反馈，获取有效反馈信息	（1）开展授课方法演练：依据教学设计的教学方法进行模拟操作演练。 （2）观摩点评沟通：在培训师授课过程中，模拟学员对存在疑问的教学方法及时告知培训师，双方就存疑之处进行研讨并确认存在问题的教学方法，获取反馈信息。 （3）记录反馈信息：培训师对反馈信息进行记录	教学方法针对性、充分性
研讨法	培训师在授课前与其他相关培训师就培训教学方法进行研讨，获取与培训内容相适用的最佳培训方法的有效反馈信息	（1）教学方法介绍：培训师依据教学设计，向其他同行详细介绍教学内容对应的教学方法，并阐述理由。 （2）教学方法研讨：培训师与同行培训师就教学方法的针对性、充分性进行全面、深入的研讨，发现存在问题的教学方法，获取反馈信息。 （3）反馈信息记录：培训师对须调整的教学方法进行记录	教学方法针对性、充分性

表 8–6   技能类授课前教学方法调整表

调整方法	调整要求	调整步骤	调整对象（内容）
案例分析法	结合具体案例对相关培训内容进行进一步讲解和说明，通过案例分析加深学员对教学内容的理解和掌握程度	（1）素材挖掘：培训师对选用的教学方法针对性或充分性不足问题，初步挖掘相关案例素材。 （2）案例设计：培训师依据需要加强阐述的培训内容或须揭示出的原理与方法，对挖掘出的素材进行处理，设计好案例。 （3）选择方法：培训师在设计好的案例基础上选择案例的呈现方法，如讲授法、提问法、研讨法等	教学方法针对性或充分性不足
对错同示法	通过对正确和错误的操作同时进行讲解和演示，加深学员对相关操作或风险的理解	（1）正确操作讲演：培训师对正确的操作进行讲解演示，将分解动作和慢动作有效结合。 （2）错误操作讲演：培训师对错误的操作进行讲解演示，对产生的风险进行全面分析。 （3）对错对比分析：培训师对正确和错误操作进行对比分析，强调错误操作风险，总结正确操作要点，加深学员对培训内容的掌握	教学方法充分性不足
加强练习法	学员对所学内容掌握不够熟练，通过直接加强练习，强化技能操作的掌握程度	（1）总结不足：培训师针对学员掌握不够充分或熟练的教学内容进行归纳总结，进一步设计相应的练习内容，明确练习规则。 （2）反复练习：培训师向学员宣布练习内容及规则，巡视、指导学员进行反复练习，对练习中出现的不规范或错误动作及时进行纠正。 （3）及时点评：在完成练习后，培训师针对练习过程中学员出现的个别突出问题或共性普遍问题进行总结和点评，及时提醒学员注意相关问题、纠正错误意识，促进学员加深对相关操作和风险的理解	教学方法充分性不足

（三）教学安排反馈与调整

在授课前围绕教学目标，采用有效方法对拟定教学安排的时限性进行核验，以获取必要反馈信息并进行评估，并采用有效的方法对可优化教学安排进行调整。授课前教学安排一般采用演练法、研讨法进行反馈，采用突出重点法进行调整，技能类授课前教学安排反馈方法见表 8-7、技能类授课前教学安排调整方法见表 8-8。

表 8-7　　　　　　　　　　技能类授课前教学安排反馈方法

反馈方法	反馈要求	反馈步骤	反馈对象（内容）
演练法	培训师对实训全过程进行演练，记录各环节规范授课所用实际时间，并同教学设计中时间相比对，获取有效反馈信息	（1）开展授课流程演练：培训师依据教学设计中的教学安排开展实训全流程演练。 （2）记录授课时间：培训师在开展授课演练过程中依次记下各教学环节及内容所用时间。 （3）时间分配对比：培训师将记录的各教学环节及内容所用实际时间与教学设计中时间安排进行对比，发现用时过长或过短等时间分配不合理的教学安排，获取有效反馈信息。 （4）记录反馈信息：培训师对演练过程中存在问题的教学安排反馈信息进行记录	教学安排时间分配合理性
研讨法	培训师在授课前与其他相关培训师根据过往经历经验就本次培训教学安排进行研讨，发现存在问题之处，获取有效反馈信息	（1）教学安排介绍：培训师依据教学设计，就各教学内容阐明其教学安排。 （2）教学安排研讨：培训师与同行培训师就教学安排进行全面、深入的研讨，发现时间分配不合理的内容，获取反馈信息。 （3）反馈信息记录：培训师对研讨中同行提出的教学安排不合理等问题信息进行记录	教学安排时间分配合理性

表 8-8　　　　　　　　　　技能类授课前教学安排调整方法

调整方法	调整要求	调整步骤	调整对象（内容）
重点突出法	培训师针对教学安排反馈中发现的重点难点内容安排时间不足的问题适当扩充讲解演示及练习等教学活动，对发现的非重点安排内容时间过长的问题恰当简化相关教学活动，从而达到优化教学安排、突出教学重点难点的目的	（1）重点难点确认：在调整教学安排前，培训师再次对反馈中发现安排问题的教学环节进行梳理，核查确认哪些是重点难点，哪些是非重点难点。 （2）重新设计安排：针对重点难点内容适当增加对应的教学活动及时间分配，针对非重点难点内容的教学活动进行适当简化，统筹进行教学安排的再设计。 （3）反复演练确认：由于调整了部分教学内容的教学安排，培训师在授课前反复对完整教学授课进行演练，确保整体教学安排妥当、教学过程流畅	教学安排时间分配不合理

三、技能类授课中的反馈与调整

（一）教学内容反馈与调整

培训师在授课过程中依据教学内容反馈结果，针对性采用有效方法进行调整。技能类授课中教学内容一般采用提问法、观察法进行反馈，采用重点突出法、案例分析法进行调整。技能类授课中教学内容反馈见表8-9、技能类授课中教学内容调整见表8-10。

表 8-9　　　　　　　　　　　　技能类授课中教学内容反馈

反馈方法	反馈要求	反馈步骤	反馈对象（内容）
提问法	培训师在开始授课时、讲解演示中、学员练习后向学员提问，通过学员回答了解其对教学内容掌握的情况，获得有效反馈信息	（1）确定问题：培训师根据培训关键点及现场学员状态针对性确定问题。 （2）恰当发问：培训师选择合适的内容、时间及对象恰当提出问题。 （3）倾听分析：在学员针对问题作答时认真倾听，仔细分析，发现教学过程中未予以凸显的重点难点内容，或未全面、正确讲解演示的教学内容，获取有效反馈信息	教学内容规范性、全面性、重点难点突出情况
观察法	培训师在讲解演示中观察学员听讲状态，在练习过程中观察学员练习情况，获得教学内容反馈	（1）观察听课反应：培训师在讲解演示过程中注意学员听课状态，观察学员在听讲时的动作神情等，如学员面露疑色，则可能是之前所授内容存在疏漏、错误或重点难点内容未充分讲解演示，导致学员难以跟上教学进度。 （2）观察练习情况：在练习过程中，观察学员对练习内容的掌握情况，如学员存在普遍性的错误操作或不熟练操作，则可能是之前所授内容存在疏漏、错误或相关内容未充分讲解演示，导致学员缺失、错误或不熟练地掌握相关教学内容	教学内容规范性、全面性、重点难点突出情况

表 8-10　　　　　　　　　　　　技能类授课中教学内容调整

调整方法	调整要求	调整步骤	调整对象（内容）
重点突出法	培训师在接下来的授课中加强重点难点内容的讲解演示并适当简化非重点难点内容，达到重点突出的目的	（1）重点难点回顾：培训师在授课过程中再次向学员点明教学内容中的重点和难点，引起学员注意，让学员做到心中有数。 （2）重点难点讲演：培训师针对教学内容中的重点难点内容，深入讲解、反复演示，促进学员加深理解和记忆。 （3）重点难点练习：培训师在学员练习过程中针对重点难点内容仔细观察、指导，确保学员内化掌握相应教学内容	重点难点内容不突出，重点未强调，难点未化解
案例分析法	培训师针对反馈发现存在重点理解不够深入、难点未有效化解的教学内容，结合工作和培训经历，及时构思相关案例并讲解，加深学员对教学内容的理解	（1）构思设计案例：培训师依据需要加强讲解演示的重点或难点教学内容，结合实际工作和培训经验现场及时构思设计案例，案例素材尽量突出须加强讲解演示的教学内容。 （2）案例讲解演示：培训师在构思设计好的案例基础上选择恰当呈现方法，如讲授法、提问法、研讨法等，对相关案例进行深入讲解示范，做好案例内容与教学内容的对应衔接	重点难点内容突出，重点强调，难点化解

技能类授课

（二）教学方法反馈与调整

培训师在授课过程中，应及时采用有效方法获取教学方法运用的反馈信息，及时进行评估并适时采用有效方法对教学方法运用进行优化调整。技能类授课中教学方法一般采用提问法、观察法进行反馈，采用案例分析法、对错表示法、加强练习法进行调整。技能类授课中教学方法反馈见表 8-11，技能类授课中教学方法调整见表 8-12。

表 8-11 技能类授课中教学方法反馈

反馈方法	反馈要求	反馈步骤	反馈对象（内容）
提问法	培训师通过学员回答了解其掌握情况，结合学员特征，获取关于教学方法针对性、充分性的反馈	（1）确定问题：培训师根据整体培训目标或各操作步骤的操作要点设计满足概括性、针对性的问题。 （2）恰当发问：培训师结合当前教学进度，选择合适的时间及对象恰当提出问题。 （3）倾听分析：在学员针对问题作答时认真倾听，仔细分析，发掘学员掌握、理解不全面或不到位的教学内容，结合学员特征，分析之前采用的教学方法是否具备针对性，方法使用是否充分到位	教学方法的针对性、充分性
观察法	培训师在讲解演示中观察学员反映，在练习过程中观察学员练习情况，获得教学方法针对性、充分性的反馈	（1）观察学员听课状态：培训师在讲解演示过程中注意学员听课状态，观察学员在听讲时的动作神情等。 （2）观察学员练习情况：在练习过程中，观察学员对练习内容的掌握情况。 （3）分析观察反馈信息：针对观察反馈得到的信息进行分析，判断学员掌握不够充分和熟练的教学内容所使用的教学方法是否存在针对性和充分性的问题	教学方法的针对性、充分性

表 8-12 技能类授课中教学方法调整

调整方法	调整要求	调整步骤	调整对象（内容）
案例分析法	培训师采用案例分析的方法弥补授课中反馈的教学方法针对性不足问题，可以推动学员加深对内容的理解	（1）构思设计案例：培训师针对教学目标和教学内容，结合学员特征，现场构思设计案例，案例要求浅显易懂，高度吻合培训内容。 （2）案例讲授演示：培训师在设计好的案例基础上选择恰当呈现方法，通过案例教学法或案例引导法促进学员对所学内容的理解	教学方法针对性不足
对错表示法	培训师可通过示对与示错对比演示给学员，让学员对相关操作或风险有所理解	（1）再次正确操作讲演：培训师对正确的操作重复进行分解动作和慢动作讲解演示。 （2）故意错误操作讲演：培训师故意对易错的操作进行错误演示，引发学员对错误操作产生的风险进行思考分析。 （3）强调对比分析：培训师回顾正确和错误操作，进一步强调错误操作风险，总结正确操作要点，加深学员对培训内容的掌握	教学方法充分性不足

续表

调整方法	调整要求	调整步骤	调整对象（内容）
加强练习法	培训师可以在学员练习中对相应教学内容进行强化训练，直接加强学员对相关内容的掌握	（1）梳理加强练习的内容：培训师梳理因教学方法不足所对应的教学内容，明确须加强练习的关键点。 （2）修改加强练习的方式：培训师结合教学进程和时间安排，确定加强练习的内容、方法、时长、规则及风险。 （3）强化练习辅导：培训师更加注意观察和指导学员练习，及时对学员错误动作进行纠正和释疑，直接加深学员对相关教学内容的理解和掌握	教学方法充分性不足

（三）教学进程反馈与调整

在授课过程中，应及时采用有效方法对教学进程进行确定，以获取必要反馈信息并进行评估，并及时采用有效的方法对教学进程进行调整。技能类授课中教学进程一般采用观察法进行反馈，采用重点突出法和加强练习法进行调整，技能类授课中教学进程反馈见表8-13，技能类授课中教学进程调整见表8-14。

表 8–13　　　　　　　　技能类授课中教学进程反馈

反馈方法	反馈要求	反馈步骤	反馈对象（内容）
观察法	培训师在教学中观察教学进程是否与原计划一致，发现教学进度偏离教学设计较多，应进行调整	（1）观察教学内容推进情况：培训师观察并分析当前已完成的教学内容相对于教学整体内容的推进情况。 （2）评估教学时间推进情况：培训师观察当前已完成教学内容所使用的时间。 （3）获取教学进程反馈：培训师对当前已完成教学内容所使用的时间和教学设计中该部分内容原分配的时间进行对比，获取当前教学进程推进过快或过慢的信息反馈	教学进度合适性

表 8–14　　　　　　　　技能类授课中教学进程调整

调整方法	调整要求	调整步骤	调整对象（内容）
重点突出法	培训师针对反馈信息中出现的教学进程过慢的问题，在接下来的授课中保留重点难点内容相关教学活动，适当简化或略去非重点难点内容相关教学活动	（1）重点难点分析：培训师在授课过程中分析识别剩余教学内容中重点和难点，明确非重点和难点内容。 （2）非重点难点简化：培训师在授课过程中对非重点难点教学内容进行简化讲解演示或采用学员回顾或自主学习的方式完成教学，也可略去非必要的教学活动。 （3）突出重点：在有限的时间内，对重点内容进行着重讲解演示或练习，达到强化重点和进度调整的目的	调整教学进度和时间分配

续表

调整方法	调整要求	调整步骤	调整对象（内容）
加强练习法	培训师针对教学进度过快的问题，着重加强学员练习环节，以达到强化学员掌握知识与技能的目标	（1）修改练习内容和方式：培训师加强原设计练习内容的时长和频次，也可增加需加强练习的内容，并结合教学进程时间安排，修改练习方式和规则。 （2）强化练习辅导：培训师强化过程辅导，及时对学员错误动作进行纠正和释疑	调整教学进度

✿ 必备技能

必备技能 8-1：开展教学反馈与调整

场景描述

培训师在授课前进行教学设计及实训要件的反馈及调整，把好备课关；在授课中在教学过程管控和安全管控的基础上进行教学全过程的反馈及调整，以保证培训效果及培训进度。

开展现场反馈与调整操作步骤及要领

第一步：授课前反馈与调整。逐个对技能项目教学设计中培训内容、培训方法、培训时间及实训要件完成反馈和调整，确保教学设计和实训要件准备妥当，并将反馈与调整结果记录在表 8-15 中。

表 8–15　　　　　　　　　　反馈与调整记录表

环节	教学内容反馈与调整				教学方法反馈与调整				教学安排反馈与调整				案例解析
	反馈方法	反馈信息	调整方法	调整内容	反馈方法	反馈信息	调整方法	调整内容	反馈方法	反馈信息	调整方法	调整内容	
课前反馈与调整													
课中反馈与调整													

第二步：授课中反馈与调整。对实训过程中的培训内容、培训方法、培训时间及现场秩序主动、及时地获取反馈信息，根据反馈信息即时有针对性地进行调整，确保培训按时保质保量完成，并将反馈与调整结果记录在表 8-15 中。

要点回顾

本节重点介绍了教学反馈与调整的方法、步骤及内容。有效的反馈方法有演练法、观察法、提问法、练习法、研讨法；有效调整方法有突出重点法、文献参考法、案例分析法、对错同示法、加强练习法；教学反馈与调整分课前反馈与调整和课中反馈与调整两部分，其反馈与调整内容主要包括培训内容、培训方法、培训安排或培训进度等。

第二节　教学反思与改进（补短板）

关键要点

教学反思与改进主要从课后教学过程反思与改进和技能考核反思与改进两方面着手。其中，教学过程反思与改进方法运用为重点，教学反思与改进关键要点如图 8-3 所示。

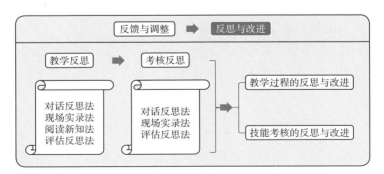

图 8-3　教学反思与改进关键要点

必要知识

一、教学反思与改进概述

（一）反思与改进的含义

技能授课反思与改进是培训师以自己的技能授课活动为思考对象，对自己在技能授课活动中所做出的行为以及由此所产生的结果进行审视和分析的过程。授课反思与改进一般放在课后进行或在下次课前进行，其目的是全面总结技能授课经验，提升培训师的技能授课水平。技能授课反思与改进主要从教学过程和技能考核两方面的反思与改进着手。

教学过程的反思与改进是指培训师在技能类授课后依据培训目标，采用多种方法对教学过程中的教学内容、教学方法及教学进程进行反思，挖掘、总结培训过程中出现的问题，分析问题出现的原因，并针对性提出改进措施，进一步完善教学设计，为下次培训做好准备的经验总结工作。

技能考核的反思与改进是指培训师在技能考核后，采用多种方法对技能考核设计中的任务、规则、标准和流程以及技能考核实施情况等在反映培训目标及授课内容重点难点方面的针对性、有效性进行反思，挖掘分析出现的问题及成因，针对性提出改进措施，进一步优化教学设计中的考核内容，为下次培训做好准备。

（二）有效的反思方法

常见有效的反思方法有总结反思法、对话反思法、现场实录法、培后记反思法、阅读新知法、培训评估法，具体见表8-16。

表 8–16 　　　　　　　　　　　　　有效反思法

反思方法	含义及特点	反思对象（内容）
总结反思法	总结反思法是指以培训师为主体，通过对自身或他人的培训实践活动进行回顾，总结经验和教训的方法	教学内容、教学过程、技能考核情况
对话反思法	对话反思法是指培训师通过和同行或培训管理者、培训学员进行交流，检讨自身培训教学行为，挖掘经验、总结教训的方法。这种方法有利于打破培训师在培训教学上自我封闭，能突破个人经历和经验的狭隘性与封闭性	教学过程、教学方法、技能考核情况
现场实录法	现场实录法是指培训师对培训过程进行录像或录音，在培训结束后再现整个培训过程，让培训师以旁观者的身份反思自身培训教学情况的方法	教学过程、技能考核情况

反思方法	含义及特点	反思对象（内容）
培后记反思法	培后记反思法是指对培训过程中感受深刻的细节进行记录，主要包括对培训过程中出现的问题分析及应对措施、培训活动积极方面的描述，形成培训后记的方法。培后记反思法不仅需记录下培训过程中成功和失败的点，更重要的在于分析和总结，形成系统性的分析记录，使之成为今后培训的有效借鉴	教学过程、教学内容、技能考核情况
阅读新知法	阅读新知法指培训师采用多种信息收集渠道，查阅相关资料，获取异于自身过去经验和观念的新知识，为自身所需解决的培训中遇到的问题或可进一步改进的做法提供新的解释和新方案，从而达到优化教学理念，改进教学行为的目的。阅读新知的过程实质上就是在与教育"大家"对话	教学内容、教学方法
培训评估法	培训评估法指培训师在培训结束后对培训效果进行评估，根据评估结果反思教学各方面得失，从而巩固经验、改进问题的方法	教学内容、教学方法、教学安排、技能考核

二、技能教学过程反思与改进

技能授课后，教学过程反思方法一般采用对话反思法、现场实录法、评估反思法等进行教学反思和改进。技能类授课后教学过程反思表见表 8-17。

表 8-17　　　　　　　　　技能类授课后教学过程反思表

反思方法	反思改进步骤	反思改进内容
对话反思法	（1）教学过程回顾：培训师向参与教学过程反思的培训相关人员回顾完整的教学过程，包括本次培训的教学内容及相应教学方法、时间安排。可采用召集培训相关人员、由培训师直接口述的方式进行，也可采用先由培训师自行回顾梳理形成书面材料，再向培训相关人员发放阅读的方式进行。 （2）教学过程研讨：培训师同参与教学过程反思的培训相关人员依据自身经验对教学过程开展研讨，就教学过程各方面从优点和问题两个方面进行挖掘，对优点进行归纳总结，对问题原因及改进措施进行系统分析，对优点和问题相关研讨结果进行详细记录。参与研讨人员应秉持平等相处、开诚布公的原则进行全面、系统研讨。 （3）教学过程改进：培训师依据研讨过程中反思的教学问题，对原教学整体设计和教学实施设计在教学内容、教学方法和教学进程等方面进行改进和优化，为之后相似条件下培训更好地实施奠定基础	教学内容把控、教学方法运用、教学时间分配、考核设计与实施
现场实录法	（1）记录教学过程：培训师在授课前选取录像机或录音机等记录设备，依据培训现场条件合理设置、摆放记录设备，确保在不影响教学授课的条件下对教学过程进行完整、清晰的记录。 （2）教学过程回顾：培训师在授课后结合原教学设计观看或听取记录的教学过程，注意对比教学过程和原教学设计中各方面内容的异同之处并进行标注或记录。 （3）教学过程改进：培训师依据自身经验，对问题原因及改进措施进行系统分析，总结优点和经验，为之后相似条件下培训更好地实施奠定基础	教学设计与实施、考核设计与实施

续表

反思方法	反思改进步骤	反思改进内容
培训评估法	（1）实施培训评估：培训师依据培训目标，结合培训组织者要求，就本次培训效果开展针对性评估。 （2）培训效果分析：培训师根据培训目标及培训评估结果，从教学设计合理性及实施依从性、考核设计合理性与实施依从性等方面出发对评估结果进行分析，找出教学过程中导致培训效果不佳的原因及培训效果良好的经验并进行详细记录。 （3）教学过程改进：培训师依据培训效果分析中记录的教学过程优点及问题，结合培训目标、培训资源及学员等因素对原教学设计进行改进和优化	教学设计与实施、考核设计与实施

三、技能考核反思与改进

技能考核反思方法一般采用对话反思法、现场实录法等进行技能考核反思和改进。技能考核反思表见表8-18。

表8-18 技能考核反思表

反思方法	含义及要求	反思改进步骤	反思改进内容
对话反思法	对话反思法是指培训师通过与参与技能考核相关人员，包括考评员、学员、培训管理者等就考核各方面进行沟通交流，挖掘经验、总结教训的方法	（1）技能考核回顾：培训师结合培训目标和教学内容，向参与技能考核反思的相关人员回顾和解读技能考核设计的任务、规则、标准和流程等内容，以及技能考核实施情况。 （2）技能考核研讨：培训师结合培训或工作经验，同参与技能考核反思的相关人员对考核设计与实施在反映培训目标及培训内容重点难点方面的针对性、有效性开展研讨，从优点和问题两个方面进行挖掘，对优点进行归纳总结，对问题原因及改进措施进行系统分析，将研讨结果详细记录。参与研讨人员应秉持平等相处、开诚布公的原则进行全面、系统的研讨。 （3）技能考核改进：培训师依据研讨记录的技能考核优点、问题对技能考核设计各方面内容进行改进和优化，以期达到针对、有效地考察学员理解掌握培训内容、评价培训目标实现情况的要求，为之后相似条件下培训更好地实施奠定基础	技能考核项目、考核内容、考核标准、考核流程等
现场实录法	现场实录法是指培训师对考核过程进行录像或录音，在考核结束后再现整个考核过程，让培训师以旁观者的身份反思技能考核设计的方法	（1）记录考核过程：培训师在考核前选取录像机或录音机等记录设备，依据培训现场条件合理设置、摆放记录设备，确保在不影响学员参与考核的条件下对教学过程进行完整、清晰的记录。 （2）考核过程回顾：培训师在考核后结合原教学设计观看或听取记录的考核过程，分析考核设计与实施在反映培训目标及培训内容重点难点方面的针对性和有效性，从优点和问题两个方面进行挖掘，对优点进行归纳总结，对问题原因及改进措施进行系统分析，对研讨结果进行详细记录。 （3）技能考核改进：培训师依据研讨记录的技能考核优点、问题对技能考核设计各方面内容进行改进和优化，以期达到针对、有效地考察学员理解掌握培训内容、评价培训目标实现情况的要求，为之后相似条件下培训更好地实施奠定基础	考核内容针对性、考核标准合理性、考核过程安排合理性

🐾 必备技能

必备技能 8-2：开展课后反思与改进

场景描述

培训师在结束培训教学后，有效运用反思与改进方法从教学过程和技能考核两方面开展课后反思和改进，以保证后序培训效果和培训质量。

课后反思与改进操作步骤及要领

第一步： 选用反思方法，收集反思材料。选择有效反思方法，根据反思方法操作要点准备收集资料。

第二步： 分析收集资料，发现问题本质。要分析所收集到的资料，要以批判的眼光具体审视自己在教学目标、教学策略、教学方法、教学内容、教学反馈与调整等环节出现了什么问题，分析产生的原因，找出问题的症结所在。

第三步： 建立假设性方案，采取改进行动。在分析的基础上，培训师必须主动寻找解决问题的思路和策略，进而在此基础上提出假设性实施方案，对行动的效果加以考虑，并用实践来证明该方法是否正确和可行。若行不通还要进行再反思，如此反复，直至问题的解决。在验证的过程中，培训师又积累了新的经验，发现新的问题，开始新的循环。

第四步： 提炼改进性措施，撰写反思成果。教学反思成果可从成功之处、不足之处、教学机制、培训创新等方面撰写，进行"再教设计"，这样可以做到扬长避短、精益求精，把自己的教学水平提高到一个新的境界和高度。

👆 要点回顾

本节重点介绍了教学反思与改进的有效方法、教学过程反思与改进、技能考核反思与改进等内容。其中课后教学过程反思方法一般采用对话反思法、现场实录法、培训评估法，技能考核反思方法一般采用对话反思法、现场实录法。

▶ **本章小结**

本章重点介绍了技能培训反馈与调整、反思与改进的方法及要领。

培训反馈与调整包括课前培训内容、培训方法、培训安排、培训进度等反馈与调整，课中教学内容、教学方法、教学进度等反馈与调整，课后反思与改进主要包括教学过程反思与改进和技能考核反思与改进两方面。

技能授课有效的反馈方法有演练法、观察法、提问法、练习法、研讨法；有效的调整方法有突出重点法、文献参考法、案例分析法、对错同示法、加强练习法；有效的反思方法有总结反思法、对话反思法、现场实录法、培后记反思法、阅读新知法、培训评估法等。

附　录

技能类课程授课认证评分标准（参考）见附表。

附表

技能类课程授课认证评分标准（参考）

技能类课授课认证评分标准（现场授课）

现场授课评分说明：整数评分按"非常满意 10、9，比较满意 8、7，基本满意 6、5，不满意 4、3，非常不满意 2、1，0"范围评分

测评维度		测评标准	扣分说明	得分（满分10分）	评价实体
实训准备（5%）		根据实训项目及课程目标，准确、完整地准备实训资源，并满足实训项目要求；授课前进行场地、人员、资料、环境、安全措施等检查且合格			
授课呈现（25%）	导入（5%）	导入环节程序完整，至少有完整的情景设置和考前预告；有效把握导入内容；过渡衔接顺畅			现场授课展示（结合教学设计任务书和实训导业指导书）
	主体（10%）	主体讲解程序范围完整；突出关键（关键操作点，关键操作要领，示范正确，逻辑清晰，方法得当，关键操作要领演示到位，有分解动作和慢速动作，过渡衔接顺畅			
	练习（5%）	练习环节程序完整，练习内容契合课程目标和重点，有效组织教练指导学员进行练习			
	结语（5%）	结语环节程序完整，至少包含梳理步骤、概括中心（提炼到位、突出重点）、学习延展、答谢鼓励			
实训收尾（5%）		实训结束后，清点归位工器具，清理整顿作业现场，规范整理培训资料，严格学员考勤并有序撤离			
授课安全管控（10%）		根据生产实际和实训项目，正确分析实训项目风险点并做好预控措施；实训各环节安全管控到位			

续表

技能类授课授课认证评分标准（现场授课）

现场授课评分说明：整数评分按"非常满意10、9，比较满意8、7，基本满意6、5，不满意4、3，非常不满意2、1、0"范围评分

测评维度		测评标准	扣分说明	得分（满分10分）	评价实体
授课过程管控（20%）	方法（5%）	教学各环节中对教学方法（策略、方法、活动）能有效掌控			现场展示（结合教学设计任务书和实训指导书）
	节奏（5%）	对教学节奏（进度、节点、时间）能有效掌控。实训进度安排合理，管控到位；在规定时间节点内完成关键节点内容，管控到位			
	秩序（5%）	对教学秩序（纪律、活动、气氛）能进行有效掌控。严格管控教学纪律，做到令行禁止；教学活动组织有序，能顺利完成教学活动，突发情况能灵活应对，合理处置			
	台风（5%）	讲授期间应使用合适有声语言和肢体语言传情达意			
授课内容专业性评价（35%）	正确性（10%/25%）	内容符合专业规范和工作实际，符合实际工作；操作步骤正确；操作要领符合规范，操作关键风险点防控正确			现场展示（教学设计任务书和实训标准化作业指导书）
	合适性（5%/10%）	内容广度和深度符合特定学员对象，专业性强，实用性强，体现任务技能必备，符合学员认知规律			
	逻辑性（5%/15%）	内容结构组织合理。层次清晰，符合专业逻辑和教学逻辑			
	完整性（5%/20%）	内容完整，程序完整；填写完整			
	规范性（5%/20%）	内容提练规范，程序规范，操作规范；填写规范			
	创新性（5%/10%）	内容和方法具有特色，有一定创新性			
课程授课认证合格建议		（1）课程授课认证合格标准：现场授课测评合格＋教学设计任务书合格＋实训标准化作业指导书合格，任一不合格视为课程授课认证不合格。 （2）现场授课成绩合格线：初级培训师65分，中级培训师80分，高级培训师85分。 （3）教学设计任务书合格线：初级培训师70分，中级培训师80分，高级培训师85分（按专业性评价标准评价）。 （4）实训标准化作业指导书合格线：中级培训师90分，高级培训师90分（按专业性评价标准评价）。			

参考文献

［1］中国南方电网有限责任公司，广东电网有限责任公司、贵州电网有限责任公司．电网企业内训师通用培训教材．北京：中国电力出版社，2016.

［2］孙科柳，孙科江．场景化课程设计与教学引导．北京：中国人民大学出版社，2020.

［3］陶明．培训魔方企业内训师心法修炼．北京：中国电力出版社，2019.

［4］陶明．企业兼职培训师工作指南．北京：中国电力出版社，2017.

［5］陶明．企业兼职培训师能力训练．北京：中国电力出版社，2016.